술 때문에
죽지 않겠다

술 때문에 죽지 않겠다

2002년 4월 16일 교회 인가
2002년 7월 31일 초판 1쇄 펴냄
2004년 9월 30일 개정 초판 1쇄 펴냄
2020년 6월 19일 개정증보판 1쇄 펴냄

지은이·허근
펴낸이·염수정
펴낸곳·가톨릭출판사
편집 겸 인쇄인·김대영
디자인·정진아

본사·서울특별시 중구 중림로 27
등록·1958. 1. 16. 제2-314호
전자우편·edit@catholicbook.kr
전화·1544-1886(대표 번호)
지로번호·3000997

ISBN 978-89-321-1703-4 03230

값 14,000원

ⓒ 허근

가톨릭의 모든 도서와 성물을 '가톨릭출판사 인터넷쇼핑몰'에서 만나 보실 수 있습니다.
http://www.catholicbook.kr | (02)6365-1888(구입 문의)

이 책은 저작권법에 의해 보호를 받는 저작물이므로 무단 전재와 무단 복제를 금합니다.

이 도서의 국립중앙도서관 출판예정도서목록(CIP)은 서지정보유통지원시스템 홈페이지 (http://seoji.nl.go.kr)와
국가자료종합목록 구축시스템(http://kolis-net.nl.go.kr)에서 이용 하실 수 있습니다.
(CIP제어번호: CIP2020010666)

술 때문에 죽지 않겠다

허근 지음

가톨릭출판사

시작하는 글

　나의 알코올 중독 치료가 막바지에 다다랐을 무렵, 당신 자신이 알코올 중독자였고 알코올 중독자를 위해 사목하시다가 돌아가신 성 골롬반 외방선교회 신부님의 장례식이 떠올랐다. 故 김수환 추기경님의 집전으로 봉헌된 장례 미사에서 추기경님은 이렇게 말씀하셨다. "외국 사제로서 우리나라 알코올 중독자들을 위해 사목하시던 분이 돌아가셔서 매우 슬프고 애석합니다. 이제 하루 빨리 한국 사제가 알코올 중독자들을 위해 사목하시기를 바랍니다." 이 날 故 김수환 추기경님의 강론을 들으면서, 나는 알코올 중독자들을 위해 사제의 소명을 다하기로 결심했다. 내가 알코올 중독에서 벗어났으니 이제부터는 나처럼 알코올 중독으로 고통받는 사람들을 위해 남은 사제 생활을 봉헌하기로 한 것이다.

나는 곧바로 故 김옥균 주교님께 알코올 중독자를 도울 수 있는 사목 활동을 하고 싶다는 내용의 편지를 보냈다. 주교님은 나의 청에 답을 주셨고, 1999년 9월 서울대교구 가톨릭알코올사목센터가 출범했다. 주교님은 알코올 중독에 대한 사회적 관심이 크지 않은 상황에서 중독자들이 다시 일어설 수 있는 희망을 심어 주셨다. 가톨릭알코올사목센터는 심리적인 치료와 더불어 영적인 치료에 중점을 두는 사목 기관이다. 알코올 중독자는 신체적, 심리적 치료뿐만 아니라 영적인 치료를 같이 받을 때 더 효과적으로 회복될 수 있기 때문이다. 가톨릭알코올사목센터의 건립 목적은, '인간을 사랑하시며 인간과 함께하시는 주님의 마음을 닮아서' 알코올 중독자들과 가족들의 회복 여정에 함께하는 것이다.

가톨릭알코올사목센터의 목표는 세 가지다. 첫째, 알코올 중독자들과 가족들이 하느님 안에서 회복의 여정을 지속할 수 있도록 심리적, 정신적, 영적 성장을 위한 프로그램을 제공한다. 둘째, 지역 주민, 청소년, 가족들에게 알코올 예방 교육을 실시한다. 셋째, 새롭고 건전한 음주 문화를 정착시킨다. 이러한 목표로 알코올 중독자들을 위한 단주 치유 모임을 운영하며 술 없는 건강한 삶을 이어 나가도록 돕고 있다. 단주 치유 모임에서 교육을 성실히 받고 단주 생활을 하고 있는 회복자들은 영적 성장을 위한 회복자 모임을 지속적으로 해 나가고 있다. 가톨릭알코올사목센터는 알코올 중독자들의 가족을 위한 가족 치유 모임도 진행하고 있다. 이 모임에서는 알코올 중독으로 고통받는 가족들이 자존심을 지키며 자신의 삶을 긍정적으로 살아갈 수 있도록 교육하며, 서로의 고통을 함께 나누고 격려하며 문제 해결 방법들을 배우고 있다. 또 매월 한 번씩 정기적으로 알코올 중독자들과 가족들을 위한 미사를 봉헌하고, 알코올 중독에 대한 강의도 하고 있다.

시설과 전문 인력이 부족함에도 불구하고 가톨릭알코올사목센터를 찾는 알코올 중독자들과 가족들에게 늘 감사하다. 연령, 종교, 학력 등이 다양한 방문자들이 찾아오고 있는데, 그만큼 가톨릭알코올사목센터가 병원에 비해 모든 이들에게 활짝 열려 있다는 뜻일 것이다. 치유와 교육 프로그램을 진행할 때에도 모두가 자발적, 능동적으로 참여하도록 하고 있다. 가톨릭알코올사목센터를 거쳐 간 수많은 사람들이 알코올 중독에서 벗어나 보통의 사람들과 다름없이 가정생활, 사회생활, 신앙생활을 해 나가고 있다.

가톨릭알코올사목센터에 나오는 사람들 중 일순간에 단주에 성공하는 사람이 있는가 하면 어떤 사람은 몇 달씩 걸려야 단주를 하기도 한다. 그런 경우를 비교하다 보면, 단주는 인간의 의지와 노력만으로 되는 것이 아니라 하느님이 함께해 주셔야만 가능하다는 것을 실감한다. 그러므로 알코올 중독 회복에서 절실히 필요한 것은 중독자 스스로 자신을 하느님께 온전히 맡기는 겸손인지도 모르겠다. 나 역시 중독자들이 겸손한 마음으로 하느님께 의지할 수 있도록 기도하고 있다. 알코올 중독자들을 위한 치유와 교육 프로그램을 진행하다 보면, 나도 모르게 하느님이 주관하시도록 온전히 맡기기보다 내가 직접 해결하려고 애쓰는 잘못을 범할 때도 있다. 특히 회복이 생각보다 늦어질 때 조급해하고, 재발이 되면 뭔가 잘못된 것처럼 여길 때, 마치 내가 치유해 주는 것으로 착각하고 있었다는 것을 깨닫게 된다. 그럴 때마다 알코올 중독자와 그 가족의 회복을 하느님께 더욱 온전히 청하고 기도한다.

우리나라의 알코올 문제는 매우 심각한 수준임에도 알코올 상담을 받아 본 경험이 있는 사람의 비율은 현저히 낮다. 알코올 중독자들에 대한 교회의 관심도 부족한 상황이다. 소수의 성직자들에 의해서만 상담, 교육, 치료가 이루어지고 있을 뿐이다. 교회의 역할은 중독자들이 치료할 수 없는 낙인의 대상이 아니라 회복을 통해 하느님과 일치된 삶을 살아가는 사회 구성원이 되도록 돕는 데 있다. 그러기 위해서는 교회 안에서 알코올 중독에 대한 부정적인 인식과 편견을 깨도록 하는 전략도 필요하다. 무엇보다 중독자들의 구원을 위해 지속적인 관심과 사랑을 가져야 할 것이다. 그들 역시 하느님을 닮도록 창조되었다는 것을 잊어서는 안 된다.

알코올 중독이란 질병은 얼마든지 극복될 수 있다. 내 스스로 체험했고 오랜 시간 수많은 사례들을 통해 확인했다. 그런데 알코올 중독자들의 회복은 가족의 관심과 사랑 없이는 불가능하다. 그리고 그들에 대한 사회적 편견과 낙인은 큰 걸림돌이 된다. 그렇기 때문에 앞으로도 알코올 중독자에 대한 인식의 전환을 위해 교육과 홍보에 더 큰 힘을 기울이려 한다. 가톨릭알코올사목센터는 지난해 11월 창립 20주년을 맞았다. 20년이라는 시간 동안 알코올 중독증 환자 2만 1,400여 명, 가족 9,300여 명이 가톨릭알코올사목센터에서 치료를 받았고, 상담 인원만도 5만 8,000여 명에 이른다. 가톨릭알코올사목센터는 앞으로도 계속해서 알코올 중독으로 고통받는 환자와 그 가족들에게 문을 활짝 열어 놓을 것이다.

"희망을 버리지 마십시오.

용기를 잃지 마십시오.

하느님께서 반드시 회복시켜 주실 것입니다."

가톨릭알코올사목센터 소장 허근 신부

차례

시작하는 글 **5**

1장 알코올 중독의 정의와 폐해

    1. 알코올 중독 극복을 위한 첫걸음 **19**

    2. 나도 알코올 중독일까? **22**

    3. 알코올 이탈 증상 **26**

    4. 알코올 중독과 불면증 **29**

    5. 알코올 중독은 죽음에 이르는 병 **34**

    6. 알코올 중독으로 파괴되어 가는 가정 **37**

    7. 알코올 중독으로 잃게 되는 사회적 신용 **42**

    8. 알코올 중독자의 심리 **47**

2장 알코올 중독자들과의 만남

1. 연속 음주 상태에 빠지다 59
2. 나는 아니라고 부정할수록 병은 깊어진다 63
3. 조절은 답이 될 수 없다 67
4. 스트레스를 못 이겨 술로 버티다 무너지다 70
5. 술로 얻은 자신감은 허무하게 사그라든다 73
6. 술은 내 안의 화를 끌어모은다 76
7. 알코올 중독은 영혼을 파괴한다 78
8. 소중한 것들을 잃다 81
9. 단주는 알코올 중독 치료의 출발점이다 84
10. 중독자와 치료자 사이의 깊은 연대가 중요하다 87
11. 오이와 피클은 다르다 92
12. 비 온 뒤에 땅이 굳는다 97

차례

3장 알코올 중독자를 위한 가족의 역할

1. 알코올 중독자를 방치하면 언젠가는 죽는다 **105**
2. 알코올 중독자의 자기 합리화와 변명에 휘둘리면 안 된다 **108**
3. 알코올 중독자에게 금전적 도움을 주는 일은
   밑 빠진 독에 물 붓기다 **111**
4. 엉뚱한 죄책감 대신 단호함을 택해야 한다 **115**
5. 알코올 중독자 스스로 문제를 해결하도록 한다 **118**
6. 위기를 이용해 단호하게 경고한다 **121**
7. 알코올 중독자 가족도 함께 치료받아야 한다 **124**
8. 두려움을 버리고 평정심을 유지해야 한다 **128**
9. 알코올 중독자를 회복시키는 힘은 가족에서 나온다 **132**
10. 자신이 알코올 중독자라는 것을 인정하도록 돕는다 **137**
11. 알코올 중독자와의 공동 의존에서 벗어나야 한다 **141**
12. 가정 회복을 위한 네 가지 법칙 **144**

4장 진정한 회복을 향한 여정

1. 나를 똑바로 바라보기 153
2. 지속적인 단주 생활을 위한 모임 157
3. 알코올 중독에서 벗어나기 위한 도구 159
4. 졸업 없는 단주 생활 건강하게 유지하기 164
5. A.A.의 12단계 167
6. A.A.의 12단계 기도문 170
7. 재발을 경고하는 26가지 증상 185

부록

1. 알코올 중독 자기 진단 검사 190
2. 알코올 중독자 가족을 위한 진단 검사 211
3. 천주교 서울대교구 단중독사목위원회
   가톨릭알코올사목센터 218

1

알코올 중독의
정의와 폐해

1

알코올 중독 극복을 위한 첫걸음

　1983년 초겨울 어느 날, 경남 진해에서 군종 신부로 사목을 하던 시절의 일이다. 나는 동료 신부 두 명과 함께 차를 타고 가고 있었다. 세 사람 모두 전날 정신없이 취하도록 마신 술이 덜 깬 상태였다. 주행선을 따라 달리던 중, 갑자기 옆 차선에서 달리던 트럭이 끼어들었다. 운전하던 동료 신부는 트럭을 피하기 위해 중앙 차선을 넘었고, 그 순간 우리 차는 맞은편에서 달려오던 차와 정면으로 충돌했다. 나는 바로 기절했다. 정신이 들어 눈을 뜨니, 나는 심하게 다친 상태로 병원 응급실 침대에 누워 있었다.

　의료진은 내게 운전석에 있던 동료 신부가 머리를 심하

게 다쳤다고 알려 주었다. 나는 의료진의 요청에 따라 우리의 신분을 밝힌 뒤 수술 동의서에 사인했다. 그날 저녁, 참으로 비통한 소식을 접하게 되었다. 수술에 들어간 동료 신부가 결국 사망했다는 것이었다. 너무 가슴이 아팠다. 하염없이 눈물을 쏟았고, 함께 술을 마셨다는 죄책감과 후회가 끝없이 밀려왔다. 술로 인해 동료 신부 한 명을 잃고 나니, 다시는 술을 마시지 않겠다는 강한 결심이 섰다. 하지만 이런 다짐은 채 한 달도 못 되어 무너지고 말았다. 술을 끊겠다는 결의는 어느새 희미해지고 술을 마셔야 할 새로운 이유를 만들어 다시 입에 대기 시작했다.

알코올 중독자들은 자신에게 분명한 신체적, 정신적 피해가 있음에도 불구하고, 본인이 알코올 중독이라는 것을 부정하거나 합리화하며, 중독의 원인을 남 탓으로 돌린다. 중독 상태에서 벗어나려 발버둥도 쳐 보지만, 뜻대로 하지 못한다. 중독이란 병은 연령, 성별, 나이, 신분, 교육과 경제 수준, 직업과 상관없이 누구나 걸릴 수 있다. 내 경우만 봐도 그렇다. 처음에는 교우들과 원만한 관계를 맺기 위해 술을 마셨다. 때로는 고통을 잊기 위해, 또 잠시나마 마음이 편해지고 싶어서 마셨다. 그러다가 술이 내 삶의 중심이 되어 버렸고, 마침내 알코올 중독 치료까지 받게 되었다. 이제와 냉정하게 되돌아보면, 술은 내게 자유와 평화를 주지 않았다. 오히려 나를 더욱 구속하고 불안하게 만들었다.

중독자들은 몸과 정신의 피해에도 불구하고 자기만의 즐거움과 쾌락을 위해 지속적으로 중독 물질을 찾아 방황한다. 중독자가 인격적으로 타락했거나 의지가 나약해서가 아니라, 중독이란 질병이 그 사람으로 하여금 중독 물질을 찾도록 몰아가는 것이다. 중독을 극복하기 위해서는 중독으로 인해 망가진 현재의 자신을 있는 그대로 솔직하게 인정해야 한다. 그리고 교만에서 벗어나 겸손한 마음으로 하느님께 의탁할 때 중독에서 벗어나 진정한 자유인이 될 수 있다. 자신을 치유하시는 하느님에 대한 온전한 믿음을 가져야 한다.

2

나도 알코올 중독일까?

술에 빠져든 초기에, 나는 가끔씩 미사 봉헌 시간에 늦곤 했다. 그러다가 술을 마시는 양과 횟수가 증가하면서 늘 미사를 제시간에 봉헌할 수 없게 되었다. 알코올 중독 치료를 위해 병원에 입원해야 할 만큼 심각해진 즈음에는 아침까지 술에 취해서 미사를 봉헌하지도 못하는 상태가 되어 버렸다. 지금 생각해 보면 이름만 사제였지, 영적으로는 물론이요 해야 할 역할을 제대로 못한 면에 있어서 사제라고 말하기 어려운 지경이었다. 내 경우처럼, 술로 인한 문제는 서서히 나타나기 시작하며, 시간이 갈수록 더욱 심해진다. 술을 마시지 못하면 불안해지고, 음주가 자신에게 해롭다는 것을 알면서도 마셔야 하는 상태가 되어 버린다. 지능, 정서, 의지 모두 차츰 망가져 주량을 줄이거나 술을 끊고 싶다고 생각하면서도 스스로의 힘으로는 조절이 불가능하게 되어 술에게 삶의 주도권을 빼앗기게 된다. 이런 상태가 계속되면 가족이나 직장은 뒷전으로 밀리고, 건강에도 이상 신호가 나타나기 시작한다.

알코올 중독은 음주량을 본인 스스로 조절하지 못하는 병이다. 알코올 조절 능력을 상실하면 아무리 적은 양의 술이라도 일단 입에 대면 적당한 선에서 그만두지 못한다. 자신이 술을 통제하는 것이 아니라, 술이 자신을 지배하는 것이다. 다음과 같은 음주 습관이 있다면, 음주 조절 능력을 상실했다고 볼 수 있다.

· 조금만 마시려고 마음먹고 술을 마시기 시작했으나, 기억을 잃을 정도로 마신다.
· 더 이상 술을 마시면 생명이 위태롭다, 직장에서 해고된다, 배우자에게 이혼당한다 등의 경고를 들어도 술을 계속 마신다.

· 술이 깼을 때의 초조함, 손 떨림, 불면, 식은땀 등의 증상을 진정시키거나 예방하기 위해 술을 마신다.

· 일단 술을 마시기 시작하면 며칠이고 식사도 거른 채 계속 마시다가 몸이 술을 받지 않는 상태가 되어서야 겨우 멈춘다. 연속 음주를 한 후에 한동안 술을 끊었다가 다시 술 마시기를 되풀이한다.

알코올 중독이 대체 무엇인지, 혹시 나도 알코올 중독자인지 정확히 잘 모르는 경우도 많다. 그저 술을 과하게 즐기는 정도, 의지가 약한 정도라고 생각하는 것이다. 하지만 알코올 중독은 무서운 병이다. 의사나 학자들 중에는 한번 알코올에 중독되면 죽을 때까지 치유될 수 없다고 생각하는 사람도 있다. 물론, 알코올 중독은 극복될 수 있다. 누구든지 알코올에 중독될 수 있지만, 알코올 중독에 대한 정확한 지식을 갖고 올바른 치료를 받으면 얼마든지 건강하고 행복한 삶을 살 수 있다. 실제로 전 세계 수백만 명의 A.A.(Alcoholics Anonymous, 알코올 중독자 모임) 회원들이 알코올 중독에서 벗어나 건강하고 행복한 삶을 살고 있다. 나

역시 가톨릭알코올사목센터를 운영하면서 매달 다양한 치료와 프로그램 등을 통해 회복되어 일상으로 돌아가는 형제자매들을 만나는 기쁨을 누리고 있다. 나는 알코올 중독에 빠진 사람들을 중독에서 건져 주고, 알코올 중독자 가족들에게 작지만 실질적인 위로와 희망의 빛을 전하고자 이 책을 쓰게 되었다. 그렇기 때문에 내 경험담을 솔직하게 나누려고 한다. 중독 증세에 허덕이는 사람들이 자신의 상태를 정확하게 진단하고 전문가에게 도움을 요청하기를 바란다. 자신의 음주 조절 상태가 위의 항목과 일치한다면 자신이 알코올 중독자임을 인정하고 회복과 치료에 도움이 되는 기관이나 상담자를 찾아가 치유를 위해 노력해야 알코올 중독을 극복할 수 있다.

3

알코올 이탈 증상

　술을 많이 마시던 사람이 음주를 중단하거나 평소 마시던 음주량을 줄이면, 신체적 심리적 고통이 뒤따른다. 이것이 바로 알코올 이탈 증상이다. 신체가 이미 알코올에 의존하고 있는 상태가 되어 나타나는 증세이다. 술을 마시지 않고 단주를 계속하면, 대개는 며칠 내에 알코올 이탈 증상이 없어진다. 그러나 대부분의 알코올 중독자들은 단주 동안의 알코올 이탈 증상을 이기지 못해 또다시 술을 마시게 된다. 술을 마시지 않고서는 아무것도 할 수 없다는 느낌 때문에도 술을 끊지 못한다. 그러나 그 술이 새로운 이탈 증상의 원인이 되어 악순환은 되풀이된다. 악순환을 끊는 가장 좋은 방법은 그저 단주를 계속하는 것뿐이다.

알코올 이탈 증상은 크게 두 가지로 나눌 수 있다. 음주를 중단하고 수 시간이 지나면서 나타나는 초기 이탈 증상이 있다. 증상이 가벼울 경우 손 떨림, 집중력 저하, 수면 중의 땀 흘림, 불면, 메스꺼움, 구토, 혈압 상승, 부정맥, 초조감 등이 나타난다. 음주를 중단한 2~3일 후부터는 후기 이탈 증상이 나타난다. 보통은 3일 이내에 없어지지만, 드물게는 3개월까지 계속되는 경우도 있다. 주된 증상은 환시, 환청, 소재 의식 장애, 간질 발작, 떨림, 섬망*, 불안, 흥분 등이 있다. 주변에 아무도 없는데도 자신을 비난하거나 명령하는 사람의 목소리가 들려 공포를 느끼거나, 작은 동물이나 사람들이 무리를 지어 돌아다니는 것처럼 보이기도 한다. 지금이 언제인지, 자신이 어디에 있는지, 눈앞에 있는 사람이 누구인지도 모르는 상태가 된다. 이러한 후기 이탈 증상들은 다시 음주를 한다고 해도 사라지지 않는다.

---

* 의식이 흐려지고 착각과 망상을 일으키며 헛소리나 잠꼬대, 또는 알아들을 수 없는 말을 한다. 몹시 흥분했다가 불안해하고 슬픔이나 고민에 빠지기도 하면서 마침내 마비를 일으킨다. 만성 알코올 의존증, 모르핀 중독, 대사 장애를 앓고 있는 사람들에게 나타나는 의식 장애이다.

그러므로 곧바로 알코올 중독 치료 전문 병원에 가서 진단을 받아야 한다.

  나의 경우, 잠을 자는 동안 엄청난 양의 땀을 흘린다거나, 두통이 사라지지 않아 진통제의 양을 계속해서 늘리고, 집을 찾아가지 못해 밤새 같은 곳을 맴도는 등의 알코올 이탈 증세를 경험했다. 지금 생각해 보면 정말 아찔한 기억이다. 음주가들은 술로 인해 자신에게 나타나는 어떤 행동이나 심리 변화를 잘 관찰해야 한다. 나처럼 알코올 이탈 증상이 나타난 경험이 있다면 전문가를 찾아가 반드시 상담과 치료를 받을 필요가 있다.

4

알코올 중독과 불면증

한 남자가 알코올 중독 상담을 받으러 가톨릭알코올사목센터에 찾아왔다. 그는 이름을 대면 누구나 알 만한 연구소에서 일하는 연구원이었다. 그는 나에게 이렇게 호소했다.

"연구 과제가 과중해 집에까지 갖고 와서 일하다 보니 스트레스를 받게 되어 소주를 마시게 되었습니다. 가족들은 제가 술 마시는 것을 걱정하면서 예민한 반응을 보입니다. 가족들이 왜 그러는지 도저히 이해가 되지 않습니다."

나는 그에게 술을 마시는 횟수에 대해 물었고, 그는 그제야 이렇게 말했다.

"사실 연구로 인한 스트레스 때문에 술을 마신다기보다는, 술을 마시지 않으면 잠이 오지 않기에 소주를 매일 두 병씩 마시고 있습니다."

그는 자신의 간 건강이 나쁘다는 사실도 털어놨다. 가족은 모르고 있다고 했다. 나는 그가 이미 알코올 중독이라는 병에 걸렸다는 것을 분명하게 말해 주었다. 불면을 호소하는 그에게 알코올 중독에서 벗어나면 술을 마시지 않고도 편안하게 잠을 잘 수 있다고 알려 주었다. 그는 그날 이후부터 가톨릭알코올사목센터 치유 모임에 정기적으로 충실히 참석했고, 그 결과 지금은 가정과 직장에서 건강한 삶을 살고 있다.

술을 많이 마시고 문제를 일으키는 사람들에게 "왜 술을 마십니까?" 하고 질문하면 각자 나름대로 그럴싸한 이유를 댄다. 그리고 "당신에게는 술이 해로우니 그만 마시세요."라고 권고하면 "술을 마시지 않으면 도저히 잠을 잘 수가 없습니다."라고 호소한다. 적당한 양의 음주가 몸과 마음을 이완시켜 수면에 도움을 주는 것은 사실이다. 하지만 알코올은 중추신경 억제성 물질이기 때문에 잠들기 전 습관적으로 마신다면 위험한 결과를 가져올 수 있다. 무엇보다 잠을 자기 위해 매일 술을 마신다는 건 그 사람이 어느새 술에 의존하는 상태가 되어 버렸다는 뜻이다. 결국에는 술을 마시지 않고는 잠을 잘 수 없게 되고, 주량도 점차 늘게 된다. 나도 마찬가지였다. 술에 취해서 잠든 날은 깊은 잠을 자지 못하고 몇 번씩 깼으며 악몽에 시달렸다. 그 다음 날은 너무 피곤해 오전 업무는 비몽사몽 중에 처리했다. 그러나 알코올 중독을 극복한 지금은 저녁에 한번 잠이 들면 아침에 깰 때까지 깊은 잠을 잔다. 그렇게 심신이 가벼워져 하루하루 즐겁게 지내고 있다.

불면증을 호소하는 알코올 중독자들이 술을 장기간 마신 결과로 불면증이 생긴 것인지, 불면증 때문에 술을 마신 것인지는 각자의 상황에 따라 다를 수 있다. 하지만 분명한 사실 하나는 음주와 수면의 악순환을 계속 반복하며 살고 있다는 것이다. 불면증 때문에 술을 마시는 사람들에게 다음의 열 가지 방법을 제안한다. 술과 불면의 악순환을 끊을 수 있는, 가장 기본적인 수칙이다.

첫째, 긴장을 풀고 스트레스를 줄인다.

둘째, 잠이 오지 않을 때는 의식적으로 잠을 자려고 애쓰거나 너무 불안해하지 않는다. 책을 읽거나 좋은 음악을 들으면서 자연스럽게 잠이 오기를 기다린다.

셋째, 신체가 요구하는 만큼 너무 많거나 적지 않게 잠을 잔다.

넷째, 규칙적인 취침을 한다. 무엇보다도 기상 시간은 정확해야 한다.

다섯째, 카페인이 들어 있는 음식을 너무 많이 섭취하지 않는다.

여섯째, 술은 1단계 수면(가장 가볍고 비생산적인 선잠)을 늘려 REM 수면(깊은 잠)을 방해한다. 술은 수면에 근본적으로 도움이 되지 않으니 술을 마시지 않는다.

일곱째, 잠자리에서는 담배를 피우지 않는다. 니코틴은 흥분제이므로 담배를 피우면 혈압과 심장 박동수가 높아지고 뇌파가 자극된다.

여덟째, 과식과 공복은 수면에 방해가 되므로 저녁 식사는 소화가 잘 되는 음식을 가볍게 먹도록 한다.

아홉째, 규칙적인 운동은 숙면에 도움이 된다. 시간은 아침, 오후, 초저녁이 좋다.

열째, 숙면을 취할 수 있는 분위기를 만든다.

5

알코올 중독은 죽음에 이르는 병

 15년 전, 나는 의사에게 알코올로 인해 간이 매우 나쁜 상태라는 진단을 받았다. 그래서 3개월 동안 매일 병원에서 치료를 받아 겨우 회복될 수 있었다. 하지만 그 후에도 단주를 하지 못하고 계속 술을 마셨으니, 지금 내가 살아 있다는 사실만으로도 하느님의 은혜가 얼마나 큰지 절감할 뿐이다. 한 알코올 중독자는 간암 판정과 함께 앞으로 3개월밖에 살지 못할 거라는 진단을 받았다. 그는 그날부터 술을 입에 대지 않았고, 매일 단주 친목 모임에 참석했다. 그렇게 새로 태어난 마음으로 8년 가까이 친목 모임과 성당 등에서 알코올 중독자 회복을 위해 봉사하다가 결국 하느님

곁으로 갔다. 이렇듯 알코올 중독은 일단 발병하면 오랜 시간에 걸쳐 천천히 진행하여 결국엔 죽음에 이르게 할 수도 있다. 과한 음주로 인한 신체장애는 두 가지 형태로 나타나는데, 하나는 알코올 장기 독성이며 또 하나는 영양 장애이다. 알코올 장기 독성 신체 질환에는 지방간, 알코올 간염, 간경화, 알코올성 위염, 위장 장애, 알코올성 심장 질환, 알코올 말초신경장애, 뇌신경 장애, 당뇨병, 빈혈, 대퇴골두무혈성괴사*, 저혈당, 고뇨산혈증** 등이 있다. 과음이 원인이 되어 생긴 질병을 치료하려면 무조건 알코올 중독 치료부터 선행되어야 한다. 알코올 중독으로 인해 발생하는 영양 장애는 술을 마시는 동안 식사를 제대로 하지 않아 영양실조에 걸리는 것이다. 나 역시 그랬다. 나는 병원에 입원해야 할 만큼 알코올 중독 증상이 심했을 때 식사를 원활히 하지 못했다. 외식을 해도 술만 마시고 오기 일쑤였다. 그러다 보니 몸무게가 46kg까지 내려갔다.

* 고관절에 있는 대퇴골두라는 부위에 혈액순환장애가 발생하여 뼈가 괴사되는 질환을 말한다.
** 체내에 요산이 많이 생기거나 신장 기능의 이상으로 잘 배출되지 않아 요산이 체내에 축적되는 질환이다.

알코올 중독의 발병 시기는 10대에서 70대까지 사람마다 다른데, 대부분 10대 후반에 음주를 시작한다. 20대가 지나면서부터 자주 마시게 되고, 30대에 이르러서는 조절 능력을 잃어버린다. 그러면서 내과 입원을 거듭하게 되고, 40세 전후로는 정신과 치료를 받게 되며, 단주를 하지 않을 경우 50세를 지나 죽음에 이르게 되기도 한다.

6

알코올 중독으로 파괴되어 가는 가정

한 사람의 알코올 중독자 주변에는 그 중독자로 인한 피해자가 생기기 마련이다. 인간관계를 파괴하면서 진행되어 가는 것이 알코올 중독이란 병의 특징이기 때문이다. 그 원인 중에 하나는 알코올 중독자의 음주 중심적인 사고방식이나 행동에 있다. 일단 알코올이 체내에 들어가면 다음에 술을 마실 일 외에는 아무것도 생각하지 못하여 주위 사람들에게 아무 관심도 갖지 않는다. 이렇듯 알코올 중독은 음주 욕구에만 집착하게 하는 자기중심적인 질병이다. 알코올 중독에 대한 가족이나 주위 사람의 오해와 무지도 인간관계를 악화시키는 원인이다. 대부분의 사람들은 알코올 중독이 질병이란 사실 자체를 모르고 있고, 알코올 중독자를 의지가 약하고 도덕적으로 결함이 있는 사람으로 생각하여 비난하거나 경멸하기도 한다.

가정은 가족이 심신의 휴식을 취하고, 자녀들을 사회인으로 교육하고 육성하는 기능을 한다. 하지만 알코올 중독자 가정은 이 두 가지 기능은 물론 여러 가지 기능이 손상되어 결국엔 붕괴되기도 한다. 알코올 중독자가 있는 가정에서 발생할 수 있는 문제들을 구체적으로 살펴보자.

1) 경제적 곤궁

한 가정의 가장이 알코올 중독자가 되면 음주에 많은 돈을 쓰고 실직 등으로 수입이 막혀 버리기 때문에 경제적으로 고통받는 일이 많다. 알코올 중독을 치료하지 않고 방치하면 언젠가는 모든 재산이 전부 술로 변해 버린다. 나는 술을 마시던 긴 세월 동안 내가 받은 미사 예물을 대부분 술로 탕진했다. 그리고 홀로 되신 어머니께 생활비 한번 제대로 드리지 못한 불효를 저질렀다.

2) 역할의 이동

남편이 알코올 중독자가 된 경우 경제적인 책임을 완수할 수 없게 되어, 아내나 자녀들이 가정의 경제를 책임지게 된다. 내 경우에는 본당 신부로서 참석해야 할 사목회나 단체 모임에 술에 취해서 참석하지 못하곤 했는데, 그럴 때마다 나 대신 부주임 신부가 참석한 경우가 많았다. 결국 나는 나의 역할을 포기한 셈이 되어 버렸다.

3) 휴식의 부재

가족이 심신의 휴식을 취해야만 하는 가정의 중대한 기능에 큰 문제가 생겨서 가족 구성원들이 집에 돌아와서도 편안하게 휴식을 취할 수 없게 된다. 알코올 중독자인 가장이 술에 취해 집에 돌아왔을 때, 그가 내뱉는 욕설과 폭력을 못 견뎌 한밤중에 자녀들과 함께 집을 나가서 하염없이 길거리를 헤맸다고 고백하는 자매님들을 여럿 보았다.

4) 폭언과 폭력

알코올 중독자가 취하면 가족에게 폭언을 하거나 폭력

을 휘두르는 경우가 많다. 알코올 중독자가 가족에게 폭력을 가해 늑골이 부러지거나 고막이 찢어졌다는 이야기를 자주 접하곤 한다. 술 취한 아버지가 초등학교에 다니는 여자 아이를 발로 차서 신장이 파열된 경우도 있었다. 이밖에도 음주 때문에 말로 다 못할 정도의 폭력이 곳곳에서 벌어지고 있을 것이다.

5) 자녀들의 고통

알코올 중독자 부모는 감정적 혼란 때문에 자녀들에게 일관된 태도를 취할 수 없게 된다. 부모가 술을 마셨을 때와 정신이 맑을 때의 언행이 너무 달라 자녀들은 관계 형성에 큰 어려움을 겪는다. 이런 이유로 자녀들을 건강한 사회인으로 길러 내야 할 가정의 중요한 역할에 문제가 생기는 것이다. 알코올 중독자 가정에서 자라난 아이들은 불안정한 감정, 부모에 대한 분노, 사교성 부족, 등교 거부, 신경증 등의 여러 가지 문제를 안고 있는 경우가 많다.

6) 함께 병드는 배우자

알코올 중독자의 배우자는 알코올 중독의 원인을 모두 중독자 탓으로 돌리고, 노력을 해도 변하지 않는 알코올 중독자에 대해 분노하고 원한을 갖게 된다. 시간이 지남에 따라 절망감이 커져 결국 별거, 이혼, 살인까지 하게 되는 경우도 있다. 언젠가 알코올 중독자 남편을 둔 부인의 고백을 듣고 충격을 받은 적이 있다. 남편이 평상시와 다름없이 만취 상태로 새벽에 귀가해서는 욕설과 구타를 퍼붓자 맞서 싸우게 되었다. 그런데 얼마 후 잠에서 깬 초등학생 아들이 "엄마, 칼은 내려놓고 싸우세요."라고 애원했다고 한다. 아들의 말에 정신을 차려 보니, 자신의 손에 부엌칼이 들려 있었다고 했다. 이는 알코올 중독자에 대한 분노의 감정이 극에 달하면 살인도 일어날 수 있음을 보여 주는 실례이다. 이렇듯 알코올 중독자의 배우자는 일상생활이 순조롭지 못하게 되고, 자신의 역할을 충실히 완수할 수 없게 되며, 정신이 불안해져서 병이 생기기도 한다.

7

알코올 중독으로 잃게 되는 사회적 신용

    알코올 중독은 가족 구성원 한 사람 한 사람에게 엄청난 피해를 줄 뿐만 아니라, 직장이나 주변의 인간관계에도 큰 지장을 준다. 술을 마신 후에 저지른 행동이 주위 사람들에게 큰 피해를 주기에 한곳에 오래 살지 못하고 자주 이사를 하게 되며, 직장에서도 신용을 잃어 해고를 당하기도 한다. 결국에는 가족과도 헤어져 혼자가 되고, 직장도 잃게 되어 매우 초라한 삶을 살아가다가 마침내 뒷골목에서 홀로 쓸쓸하게 죽어 가기도 한다.

1) 밥 먹듯이 당하는 해고

알코올 중독이 진행되면 근무 시간에도 알코올 이탈 증상이 나타나 술을 마시게 된다. 이 때문에 초보적인 실수를 많이 하게 되는데, 그중 대표적인 것이 과음에 의한 잦은 지각이나 결근이다. 연속 음주 발작이 나타난다거나 알코올이 원인이 되어 병이 나거나 사고가 생겨 장기간 결근하게 되는 상황들도 일어난다. 그래서 회사 상사로부터 꾸지람을 듣고 이것이 반복되어 결국은 실직하게 된다. 새로운 직장을 구해도 마찬가지다. 또다시 술로 인해 오랫동안 다니지 못하고 이 직장 저 직장을 전전하게 되며, 그때마다 노동 조건과 보수는 더 열악해진다. 결국에는 어느 직장에서도 일을 하지 못하는 무능력자가 되어 버린다.

2) 범법자가 되는 지름길

술에 취했을 때는 자신에 대한 과신으로 음주 운전도 서슴없이 하게 된다. 음주 운전으로 인한 사고와 사망자 수는 매년 증가하고 있다. 음주 운전이 자신뿐만 아니라 다른 사람들에게도 돌이킬 수 없는 피해를 입히는 중죄라는 건 모두가 다 아는 사실이다. 또한 술에 취하면 과격해지기도 하고 감정의 절제를 제대로 할 수 없게 된다. 그래서 술을 함께 마시던 사람들이나 옆 자리에 있는 사람들과 사소한 문제로 시비가 붙어 폭력으로 이어지는 경우가 많다. 부끄러운 내 경험을 털어놓자면, 언젠가 후배들과 어울려 거하게 술을 마시고는 성당으로 돌아가기 위해 술집을 나서다가 길을 지나가던 젊은이들과 몸이 조금 부딪쳤다. 나는 그 작은 순간을 빌미로 그들과 난투극을 벌였고, 결국 모두 그날 새벽까지 경찰서 신세를 지게 되었다. 알코올에 중독되면 도덕관념도 마비가 되어 돈도 없이 술집에 가서 취하도록 마시는 경우도 있다. 또 술을 마시기 위해 서슴없이 남을 속이거나 도둑질을 해 법적 구속을 당하기도 한다.

3) 건강하고 진실한 친구들과 단절

알코올 중독자는 술에 취하면 반복적으로 문제를 일으키므로, 건강하게 술을 마시는 친구들과 사이가 점점 멀어져 관계가 단절된다. 그러다 보면 주위에 문제가 많은 술꾼만 남는다. 나는 본당에 부임할 때마다 처음에는 사나이다운 신부라는 평가를 받았다. 그러나 시간이 지날수록 진실한 신자들은 떨어져 나가고 주위에는 나 같은 신자들만 남게 되는 가슴 아픈 기억이 많다. 또 알코올 중독이라는 병이 진행됨에 따라 내과 의사, 정신과 의사, 경찰, 교도관 등과 만나는 일들이 점점 늘게 된다.

4) 불명예스러운 꼬리표 달기와 인간관계의 붕괴

알코올 중독자는 술을 마시고 소란과 폭력을 자주 일으켜 이웃들에게 불명예스러운 평가를 받게 된다. 때문에 이웃과의 관계가 점점 소원해지고, 본인 스스로도 이웃을 회피하는 경향을 보이게 된다. 내 경우, 술 문제가 점점 심각해지자 소문이 퍼지기 시작했고, 결국 후배 신부들이 나를 찾아와 조심스럽게 단주를 권했다. 그때 나는 화를 버럭 내며 너희들 일이나 잘하라고 했다. 그날 이후 후배 신부들은 나를 회피하게 되었고, 단주 이후에야 재회의 기쁨을 느낄 수 있었다. 알코올 중독자가 되면 한 가정의 주인으로서 합당한 존중을 받지 못하게 되고, 이웃 사람들도 중요한 일을 배우자나 성장한 자녀들과 상의하고 처리한다. 이렇듯 인간관계에 있어서 가장 기본이 되는 신뢰가 무너지기 때문에 모든 사람과 멀어지는 관계 상실을 겪게 된다.

8

알코올 중독자의 심리

특별히 알코올 중독에 잘 빠져드는 성격이 있는 것은 아니지만, 누구나 알코올 중독에 빠지면 비슷한 생각을 한다. 오로지 '술' 생각이다. 가족이나 주위 사람들의 비난이나 자책감에도 불구하고 병적인 음주 욕구 때문에 어떤 경우든지 계속 술을 마시려고 한다. 그래서 자신의 음주 문제를 있는 그대로 정직하게 보지 않으려 하고, 어떻게든 핑계를 대면서 자기를 정당화시키려고 한다. 알코올 중독이란 병을 앓고 있는 중독자들에게 잘 드러나는 심리 상태는 다음과 같다.

1) 건강해지고 싶지만 술은 마시고 싶다

알코올 중독자는 건강한 생활을 하고 싶다는 강한 욕구를 가지고 있다. 그러나 한편으로는 강렬한 음주 욕구를 지니고 있어서 대체로 이것에 굴복하여 문제 음주를 되풀이한다. 알코올 중독자가 되기 위해 술을 마시기 시작한 사람은 한 명도 없을 것이다. 알코올 중독자들도 마음속에 '술을 마시지 않고 건강하게 생활하고 싶다'는 강한 갈망이 있다. 나는 나 자신과 신자들에게, 심지어 하느님에게까지 단주를 약속했지만 번번이 실패했다. 나는 진심으로 술로 인한 실수와 거듭되는 후회, 죄책감에서 벗어나고자 내 방식대로 술에서 자유로워지고 싶었다. 그래서 어느 날에는 늦은 밤까지 하느님께 단주를 위한 기도를 드리기도 했다. 단주에 성공하지 못하고 음주를 반복하는 것은 원죄로 인한 인간의 나약성이 원인임을 겸허하게 인정할 수 있어야 한다. 가톨릭알코올사목센터에 찾아온 첫 번째 알코올 중독자인 김민재(가명) 씨는 3개월 정도 단주 생활을 이어가다가 재발이 되었다. 하지만 좌절하지 않고 다시 결심을 굳혔고, 단주 교육과 모임에 충실히 참석했다. 그 후로도 네 번의 재발이 있었지만, 겸손하게 자신의 약함을 인정한 결과 현재는 매우 훌륭하게 단주 생활을 하고 있다.

2) 네가 내 맘을 뭘 알아

술 때문에 생기는 문제를 해결하려고 아무리 발버둥 쳐도 어쩔 도리가 없을 때 찾아오는 고통과 번민을 이해해 주는 사람은 거의 없다. 상담을 받으러 온 사람들 중 어떤 사람은 "술은 마음만 먹으면 끊을 수 있는 것이다."라고 단정해 버린다. 무슨 일을 하더라도 술 때문에 그르치는 경우가 있는데도, 자신만 비참한 인생을 살아가고 있다고 느낀다. 또한 알코올 중독이 심해지면 심해질수록 주위 사람들 모두가 자신을 비난하거나 경시한다고 생각해 타인들과의 만남이나 교제를 회피하는 횟수가 늘어나게 된다. 나는 술이 깬 다음 날, 술이 취한 이후의 언행이 도무지 기억나지 않았었다. 그러다 보니 술을 함께 마셨던 사람들과 다시 만난다는 것이 두렵기까지 했었다.

3) 조금만 마시면 문제없다니까

알코올 중독자는 술을 마시면서 계속 문제가 있었음에도 불구하고 자신의 음주는 단주를 해야 할 정도로 심각하지 않다고 생각한다. 또 어떤 사람은 지금까지는 과음을 했지만, 그것이 좋지 않은 음주 습관일 뿐이라고 생각해 술을 조절해서 마시면 그만이라고 여긴다. 나는 독한 양주는 빨리 취한다는 생각에 소주로 바꿔 마시기 시작했지만, 소주 역시 나를 취하게 만들었다. 이런 생각은 알코올 중독의 진행을 심화시킬 뿐이다. 병원에 입원할 당시, 소주 반병에 승부를 걸고 있었던 내 자신을 생각하면 그 어리석음에 후회만 밀려온다.

4) 나는 알코올 중독자가 아니야

자신의 음주가 여러 가지 문제를 일으켰음에도 불구하고, 신체의 병만을 치료해야 한다는 생각을 가지고 있다. 타인은 알코올 중독자일 수 있지만, 자신은 결코 알코올 중독자가 될 수 없는 사람이라고 생각한다. 그래서 알코올 중독 전문 병원에서 치료받는 것을 완강히 거부한다. 나 역시 주교님이 병원 치료를 권했음에도 불구하고 마음 깊은 곳에서는 "나는 알코올 중독자가 아니야."라는 강한 부정의 목소리가 간간히 흘러나왔다.

5) 약한 사람만이라도 공격해야 직성이 풀리지

자신의 음주 문제는 선반 위에 올려놓고 타인의 결점만 공격한다. 가까운 사람들 중 자기보다 약한 사람을 흔히 공격의 대상으로 삼는다. 특히 배우자나 자녀들에게 공연한 트집을 잡아 화를 내기 일쑤다. 알코올 중독자는 마음속의 건강한 부분과 병적인 부분을 냉정하게 식별할 수 있어야 한다. '술을 그만 마시겠다. 나의 음주가 가족들에게 피해를 주고 있다.'라는 생각은 건강한 마음이다. 그러나 '내가 술을 마시는 것은 주위 사람들이나 상황 때문이다. 술을 마시고 내가 무슨 큰 사고라도 낸 적 있나?'라는 생각은 병적인 마음이다. 자신의 음주를 계속 은폐하게 만들고, 알코올 중독이 더욱 진행되도록 할 뿐이다.

6) 내가 술을 마시는 데에는 다 이유가 있어

문제 음주를 정당화하기 위해 술을 마신 이유나 구실을 붙인다. 그럴 만한 이유가 있었기에 술을 마신 것이라며 자신의 음주를 합리화하고 정당화한다. 나는 성전 건립 모임, 사목 회의, 단체 모임 등 수많은 이유를 대며 술을 마시는 것을 내 나름대로 정당화했었다. 그러나 실제로는 알코올 중독이란 병에 걸려 있었을 뿐이다. 몸이 술을 요구하기 때문에 술을 마시게 된 것이다. 술을 마시는 원인은 환경이나 외부에 있는 것이 아니라 자기 자신의 몸속에 있다. 환경의 변화보다는 알코올 중독 자체를 치료하려는 노력이 필요하다.

7) 거짓말을 해서라도 술을 마시고야말겠다

술을 사기 위한 돈을 마련하기 위해 거짓말을 자주 하게 된다. 목욕탕에 갔다 온다면서 목욕비로 술을 마시고는 머리와 수건만 적셔 가지고 집에 돌아오는 사람도 보았다. 음주 때문에 결근하고도 감기에 걸렸다는 이유를 대기도 한다. 나는 본당 신부 시절 매월 환자들에게 영성체를 주기 위해 가정 방문을 했었는데, 어느 해인가는 전날 마신 술이 오전까지 깨지 않아서 겨우 두 집만 방문하고는 성당에 돌아온 적도 있었다. 한 달 동안 영성체를 하기 위해 기다렸던 분들에게 얼마나 큰 실망을 안겨 드렸던가를 생각하면 지금도 정말 가슴이 쓰리다.

8) 나보다 훌륭한 사람 있으면 나와 봐

알코올 중독자들은 자기보다 훌륭한 사람은 없다고 생각하는 경향이 있다. 고독감이나 열등감을 해결하려고 술에 취하게 되면, 자기 자신을 실제보다 훨씬 강한 사람이라고 착각한다. 그러다 취기가 떨어지면 또다시 한심한 기분이 되어 음주를 반복한다.

9) 술만 마실 수 있다면

일단 술을 마시게 되면 다른 일은 생각하지 않고, 술 마시는 일에만 몰두하게 된다. 생활 속에서 음주를 최우선으로 하는 행동 유형을 보이게 된다. 자녀 교육비나 집세를 내야 하는 돈일지라도 술만 마시면 된다는 생각이 지배적이기 때문에 모두 술로 변해 버린다.

10) 나는 죽어도 술은 못 끊겠지

알코올 중독이 진행되면 자신은 단주할 수 없다는 생각을 갖게 되고, 심한 절망감의 지배를 받게 된다. 자기가 어떤 병에 걸려 있는지조차도 알지 못하기 때문에, 어디를 어떻게 치료해야 할지도 모른다. 때문에 단주를 하고 건강하게 생활하는 모습은 생각조차 할 수 없다.

11) 내 머릿속의 지우개

술에 취했을 때의 자신의 행동을 전혀 기억하지 못한다. 심하게 술에 취해 있을 때에는 몇 시간 또는 며칠간의 기억이 없어지기도 한다. 알코올 중독 회복 모임에 나왔던 이원준(가명) 씨의 경우, 퇴근 후에 술을 마시고 그 다음 날 회사에 출근한 것으로 생각했는데 실제로는 9일이나 지난 후 엉뚱한 곳에서 발견되었다. 가족이 가출 신고를 했는데도 본인은 그동안 자신이 어디서 술을 마시고 어디서 잠을 잤는지조차도 기억하지 못했다. 내 경우, 한번은 신자들과 술을 마시고 혼자 성당으로 돌아가겠다고 하며 신자들과 헤어졌다. 잠을 자다가 몸이 추워서 눈을 떠 보니 성당에서 얼마 떨어지지 않은 남의 집 앞이었다. 나는 술이 깰 때까지 그 집 문으로 올라가는 계단을 베개 삼아 잠을 잤던 것이다.

12) 아내가 바람났다

알코올 중독자는 배우자가 외도를 한다는 의심을 하기도 한다. 의심이 비교적 가벼운 경우에는 확증이 없어 혼자 고민하다가, 의심의 정도가 심해지면 사실로 믿어 버리는 망상까지 생긴다. 이런 상태가 되면 배우자를 뒷조사하고, 폭언과 폭력을 휘두르는 행동을 하게 된다. 알코올 중독자의 이러한 병적인 부분을 치료하기 위해서는 전문가의 도움이 반드시 필요하다. 또한 알코올 중독자 자신이 알코올 중독에 대해 공부하면서 타인의 체험담을 잘 경청하고, 진실을 속이고 음주를 계속하려는 자신의 마음에 맞서 용기를 가지고 투쟁하며, 자신의 모습을 있는 그대로 보고 인정하도록 하는 것이 회복하는 데 매우 중요하다.

2

알코올 중독자들과의 만남

1

연속 음주 상태에 빠지다

어느 기업의 현장 소장으로 일하던 이준호(가명) 씨는 직원들 앞에서 매우 엄격한 원칙주의자였다. 어느 날 퇴근 후 직원들과 술을 마시게 되었는데, 1차를 마치고 술을 더 마시고 싶은 마음에 혼자 술을 마시러 갔다. 그러고도 아예 술이 취할 때까지 더 마시고 싶다는 생각으로 모텔에 들어가 혼자 술을 시켜 마시기 시작했다. 그는 다음 날 회사에 출근하지 못했고, 외부와 연락두절 상태가 되었다. 결국 그의 아내가 경찰에 실종 신고를 했으나 그 후로도 며칠 동안 찾을 수 없었고, 9일 만에 이른 새벽 회사에 나타났다. 중요한 사실은, 그동안 자신이 어디에 있었는지조차 기억을 하지 못한다는 것이었다. 9일 내내 혼자서 연속 음주를 한 것이다. 그는 곧바로 알코올 중독 전문 병원에 입원했다. 그곳에서 해독 치료를 받은 후에 가톨릭알코올사목센터에 들어와 본격적으로 알코올 중독 치료를 받았다.

이준호 씨처럼 자신의 음주를 스스로 통제할 수 없게 되는 상태를 '문제 음주'라고 한다. 술을 많이 마시는 사람이 알코올 중독으로 변하는 경계는 일단 술을 마시기 시작하면 중단하지 못하는 '연속 음주 발작'이 나타났는지이다. 도쿄의 도립정신의학종합연구소의 사이토 사토루는 연속 음주 발작이야말로 알코올 중독의 본질이라고 말했다. 연속 음주 상태가 되면, 술을 그만 마시고 싶어도 중도에서 멈출 수 없게 된다. '내일 출근을 해야 하니까, 이제 술을 그만 마시자.'라고 생각하면서도 계속 술을 마시는 심리는 만취로 인해 의지를 조절하는 대뇌의 신피질이 제일 먼저 마비되어 술을 중단하려는 욕구를 제어하지 못하는 것이다. 따라서 술을 통제할 수 있는 선에서 단호히 그만두는 음주 습관만 지킨다면 결코 알코올에 중독되지 않는다. 연속 음주 상태에 빠졌던 사람들에게 왜 그렇게 연속 음주를 했느냐고 물어보면, 대부분은 술을 마시는 것이 고통스러운데도 병원에 실려 갈 때까지 술을 그만 마실 수 없었다고 대답한다.

그렇다면 연속 음주 상태가 발생하는 이유는 무엇일까? 왜 한번 술을 마시기 시작하면 중도에서 끊어 낼 수가 없는 것일까? 정신병리학의 동물 실험에서 그 답을 유추해 볼 수 있다. 사람에게 일어나는 정신 장애를 실험을 통해 동물에게도 동일하게 일어나게 하여 관찰해 보는 것이다. 예를 들어, 기계 장치를 설치해 원숭이에게 알코올의 만취감을 학습시키면, 약 4주 후 원숭이는 기를 쓰고 기계 장치의 손잡이를 계속 누르려 한다. 그렇게 알코올 중독 원숭이가 되는 것이다. 1950년대에 J. 올즈는 쥐 실험을 통해 스스로 자신의 뇌에 자극을 주고 싶어 하는 부위를 찾아냈다. 이 부위를 쾌락중추라고 하는데, 여기서는 신경 전달 물질인 노르아드레날린 동원 작용이 일어난다. 알코올 중독 원숭이의 경우처럼 지속적으로 술을 주입하면 노르아드레날린이 분비되어 쾌락중추가 자극된다. 그리고 쾌락중추가 자극되면 계속 술을 마실 수밖에 없는 상태가 되고 만다. 그래서 며칠만 술을 끊어도 금단 증상을 일으켜 생리적으로 술을 요구하게 된다. 의지와 행동이 따로 놀게 되는 이유가 바로 여기에 있다.

2

나는 아니라고 부정할수록 병은 깊어진다

　　김희준(가명) 씨는 회사에 입사한 후 마흔이 되기까지 오직 회사 업무에만 전념했다. 그는 무리를 해서라도 자신에게 주어진 일을 해결하려는 사람이었다. 그러던 그가 어느 날부터 능력의 한계를 느끼면서 초조하고 불안해 점차 술을 탐닉하게 되었다. 어느 날은 회사 동료들과 기억상실이 될 때까지 술을 마시고 새벽에야 집에 들어갔다. 희준 씨의 아내는 남편을 보자마자 잔소리를 퍼부었고, 그날따라 아내의 잔소리에 화가 치민 그는 고함을 치며 아내를 죽이겠다고 협박했다. 자다 일어나 그 광경을 본 희준 씨의 아들은 아버지에게 진정하라고 울면서 애원했고, 그 모습을 본

희준 씨는 그제야 부끄러움이 밀려오는 것을 느꼈다. 그리고 아무 말 없이 혼자 서재로 들어가 잠이 들었다. 다음 날 그는 차마 아들의 얼굴을 마주볼 수 없었다. 그날 이후 더 이상 술로 인해 가족에게 고통을 주면 안 된다는 결심을 하게 되었다. 그리고 얼마 지나지 않아 희준 씨의 아들이 나를 찾아와 이렇게 말했다. "제발 저희 아버지를 술에서 구해 주세요." 나는 희준 씨의 아들을 통해 희준 씨를 처음 만나게 되었다. 알코올 중독 선별 검사를 해 보니, 그는 이미 심각한 알코올 중독 상태였다. 그는 알코올 중독 치료 과정을 순순히 따라 주었고, 매일 단주 묵상을 했다. 지금은 다행히 회복되어 정상적인 가정생활, 직장 생활을 하고 있다. 희준 씨는 알코올 중독 치료 과정에서 자신의 상태를 정확히 인지하기 위해 그림 1과 같은 표를 만들었다. 술을 마신 양이나 알코올 중독으로 들어서는 단계에 따라 나타나는 상태를 지진의 진도에 비교해 정리한 것이다. 그는 이 표를 통해 자신이 정말 알코올 중독자인지 판단하고 싶었다고 한다.

그림1 <나의 알코올 중독 단계는 어디에 속할까?>

진도	지진(地震)	주진(酒震)
0	신체에 느껴지지 않고 지진계에 기록이 되는 정도이다.	습관적인 음주 행동이 나타나기 시작한 단계로 매일 술을 마신다.
1	지진에 민감한 사람만이 흔들림을 느낀다.	음주 문제를 주위 사람들과 가족이 눈치를 채기 시작하는 단계이다.
2	많은 사람들이 느끼며, 미닫이 문이 희미하게 움직인다.	음주 문제를 친구, 지인, 상사가 눈치를 채기 시작하는 단계이다.
3	집, 문과 창문, 천장의 전등, 그릇 안의 물이 움직인다.	가족과 갈등이 생기고 사회생활에 지장이 있으며 전문 상담이 필요하다.
4	집이 심하게 흔들리고, 화분들이 넘어지고, 그릇의 물이 넘쳐흐른다. 걷는 사람도 요동을 느끼고 많은 사람들이 집 밖으로 뛰쳐나간다.	친구, 친척, 회사 상사에게 중독에 대해 주의를 받고, 혼자 회복할 수 없어 입원 치료가 필요한 단계이다.
5	벽에 균열이 일고, 비석이나 석등이 넘어지고 굴뚝, 돌탑 등이 파손된다.	가정 붕괴, 회사 퇴직 등으로 사회생활이 곤란해진다.
6	30% 이상 집이 붕괴되고 산사태가 난다. 땅이 갈라져 서 있을 수 없다.	금단 증상이 생기고 사회생활이 불가능하며 강제 입원이 필요하다.
7	집과 건물이 붕괴되고 산사태가 일어나며, 땅의 균열, 단층이 생긴다.	생명이 위험하고, 모든 것을 잃는다.

많은 알코올 중독자들이 자기 스스로 알코올 중독 자가 진단을 하고는 면죄부를 얻은 기분으로 계속해서 술을 마신다. 그리고 무참할 정도로 산산이 부서진 뒤에야 안일했던 생각을 후회하게 된다. 희준 씨의 경우는 운이 좋은 편이다. 아들의 애원에 부끄러움을 느꼈고, 아들이 직접 가톨릭알코올사목센터를 찾아와 도움을 요청했다. 알코올 중독자 자신과 가족 모두가 알코올 중독을 극복하려는 의지를 가졌다. 의지가 약한 사람이 알코올 중독에 걸리며, 알코올 중독자는 패배자라는 생각이 알코올 중독을 인정하는 데 걸림돌이 될 수 있다. 초기 암은 치료 시기만 놓치지 않으면 얼마든지 회복이 가능하듯이 알코올 중독 역시 여러 가지 핑계로 때를 놓치지 않는다면 반드시 극복할 수 있다.

3

조절은 답이 될 수 없다

　가톨릭알코올사목센터를 찾아온 한 남자에게 심각한 알코올 중독 상태이니 당장 술을 끊어야 한다고 말하자, 그는 내 진단을 심각하게 듣지 않으며 이렇게 말했다. "저는 평생 술을 마셔 왔어요. 어떻게 하루아침에 술을 끊을 수 있겠어요. 저는 자신 없어요. 얼마 전에도 술 문제로 내과에 갔었는데, 술을 조금 줄여서 마시라고 하시던데요." 나는 그에게 임신한 여성은 산부인과에 가서 진찰을 받아야 하듯이 알코올 중독도 치료 전문가를 찾아가야 올바른 해결책을 찾을 수 있다고 말했다. 그리고 알코올 중독의 폐해를 설명하며 치료를 적극적으로 권했다. 하지만 그는 치료를 완강히 거부했다.

이렇듯 알코올 중독자들은 자신의 음주 문제를 강하게 부정하고 합리화한다. 하지만 한번 알코올 중독이 된 사람은 다시는 정상적인 음주나 적절한 음주 상태로 되돌아갈 수 없다. 알코올 중독 진단을 받거나 알코올 중독 치료를 받는 사람들 중에는 이제라도 술을 조절해서 마시겠다고 장담하고는 결국 이전보다 더욱 심각하고 치명적인 알코올 중독 상태가 되는 경우도 많다. 이제까지 밝혀진 많은 연구들과 치료 경험들은 알코올 중독자가 되어 한번 술에 대한 조절 능력을 잃어버리면 죽을 때까지 다시는 음주 조절 능력이 살아날 수 없다고 말하고 있다. 알코올 중독자의 뇌는 음주에 지배당한 상태이기 때문에 음주에 대한 기억을 없앨 수 없다. 평생 정상적인 음주자로 돌아갈 수 없는 것이다. 쉽게 말해 오랜 음주는 사람을 알코올 알레르기 체질로 변화시키고, 뇌가 이것을 기억한다. 그래서 수 년 동안 단주를 했다 하더라도 술을 한번 마시게 되면 바로 알코올 중독 상태로 되돌아간다.

그러니까 알코올 중독자가 선택할 수 있는 길은 오로지

두 가지뿐이다. 자신이 좋아하는 술을 실컷 마시다가 죽거나 이제부터라도 술을 끊고 알코올 중독에서 벗어나 의미 있고 행복한 삶을 사는 것이다. 알코올 중독자가 생명을 잃지 않는 길은 단주밖에 없다.

4

스트레스를 못 이겨 술로 버티다 무너지다

　도연우(가명) 씨는 명문대 3학년 재학 중 학생운동의 주동자로 몰려 1년 동안 교도소에 수감되었다. 출소 후에는 세상에 대한 원망과 자신의 무능함에 대한 한탄으로 매일 술을 마시다가 결국 알코올 중독자가 되고 말았다.
　문수현(가명) 씨는 중소기업을 운영하다가 1997년에 불어닥친 IMF 여파로 많은 빚을 지고 회사 문을 닫게 되었다. 그 후로 여러 가지 새로운 사업을 구상했으나 뜻대로 되지 않자 쓰디쓴 패배감을 맛보게 되었다. 그는 이런 감정을 추스르지 못해 계속 술을 마셨다. 경제 사정이 악화되자 아내와 자주 다툼을 하게 되었고, 결국 아내는 그의 곁을 떠났다. 그런 그에게 술만이 유일한 안식처였고, 하루라도 술을 마시지 않고는 견딜 수 없게 되었다. 그는 결국 심각한 알코올 중독자가 되어 가톨릭알코올사목센터에서 알코올 중독 상담을 받게 되었다.

연우 씨와 수현 씨 모두 생활 속 스트레스를 못 이겨 오로지 술로 삶을 지탱하다가 끝내 몸과 마음이 크게 상했다. 이렇듯 스트레스가 쌓여 알코올 중독자가 된 사람들의 공통점은 이율배반적인 성격이다. 예를 들어, 자신은 능력이 있다고 생각하는데 한편으론 지나치게 열등감이 강하고, 남에게 지기는 싫어하는데 금세 타협을 하며, 실제로는 내성적이면서도 거칠고 난폭한 행동을 하고, 사람을 그리워하면서도 막상 사람을 만나면 배타적이 되는 식이다. 이들은 이율배반적인 두 측면 사이의 간극을 메우지 못해 알코올이라는 다리를 놓고 건너가려고 한다. 물론 보통 사람들도 대체로 이율배반적인 면모를 갖고 있다. 다만 대부분의 사람들은 인간이 지닌 여러 가지 모순을 어쩔 수 없이 받아들이고 현실에 대응하며 산다. 그중엔 모순을 모순으로 느끼지 못하는 사람도 있을 것이다. 세상은 원래 다 그런 거라며 타협하고 사는 사람도 많다. 그런데 알코올 중독자 중에는 유독 인간의 모순에 지나치게 집착하는 사람들이 있다. 그들은 진퇴양난에 쉽게 빠져 모순을 불투명하게 해 주는 만취의 쾌감을 택한다. 지극히 개인적인 생각이지만, 무감각하게 타협을 택하는 사람들보다 마음이 여린 사람들이 아닐까 싶다. 그저 삶의 스트레스에 대처하는 방식이 서투르고 그릇된 것일 수도 있다. 덧붙여 이혼, 배우자 사망, 자녀와의 이별 등이 스트레스의 원인이 되어 술을 마시게 되는 경우도 많다. 이제까지의 익숙한 환경에 변화가 생겨 적응할 수 없는 상태가 되면 그 고독감을 잊기 위해 계속 술을 마신다. 망각의 쾌감이라는 타성에 젖게 되는 것이다.

5

술로 얻은 자신감은 허무하게 사그라든다

    판소리꾼 방호준(가명) 씨는 평소에는 평범한 표정을 짓고 있다가 무대에 서면 갑자기 돌변했다. 표정뿐 아니라 목소리까지 확 바뀌어 관객들의 혼을 쏙 빼놓았다. 나는 호준 씨가 무대에 오르기 전에 소주 2병을 단숨에 마시는 것을 목격했다. 공연을 위해 자신의 건강을 해치면서까지 계속해서 술을 마신 것이다. 그는 정말 뛰어난 소리꾼이었지만, 60세가 되기도 전에 간암으로 세상을 떠났다.

    회사원들에게도 술은 피할 수 없는 숙명이다. 중요한 손님을 접대하는 데 술이 빠지면 안 된다는 생각이 지배적이다. 건강을 해치고 최악의 경우 생명까지 잃게 되는데도 다른 업체의 중요한 사람들을 만날 때마다 대체로 술을 마신다.

이렇듯 직업이 술을 부르는 경우가 많다. 과도한 신경을 쓰고 스트레스를 많이 받는 직업을 가진 사람들, 예를 들어 의사, 연예인 등은 술로 스트레스를 해결하며 알코올 중독에 빠지게 되는 경우가 더 많다. 특히 연예인은 소심한 성격과는 정반대의 기질을 발휘해야 하는 직업이므로 술에 대한 의존성이 더 커질 수 있다.

오랫동안 알코올 중독 상담을 하다 보니, 술을 마시지 않은 상태에서는 자기주장도 제대로 하지 못하고 불평 한마디 못하는 사람들을 많이 만나게 되었다. 그들은 대인공포증을 앓고 있었는데, 사회생활을 하면서 중요한 사람을 만날 때 자신감을 갖기 위해 남몰래 술을 마신다고 했다. 이들은 가족이나 주위 사람들이 술을 줄이거나 끊으라고 말하면 버럭 화를 낸다. 회사의 업무 특성상 술을 마시지 않으면 안 된다고 변명을 늘어놓기도 한다. 이런 사람들에게 말해 주고 싶다. 술이 없어도 얼마든지 사회생활을 원활하게 할 수 있다. 실제로 회복자들 중에 그런 선례를 보여 주는 분들이 많이 있다. 대인 관계에서 발생하는 어려움은 그 상황에 맞게 직면해서 풀어야지 건강을 해치는 술로 극복해서는 안 된다. 술을 마심으로써 갈등이 해소된 기분이 들더라도, 그것은 잠시일 뿐이다. 그 경험이 강화 원리로 작용해 내성을 만들어 내고, 결국 더 심각한 알코올 중독 상태로 이끈다.

6

술은 내 안의 화를 끌어모은다

국내 굴지의 기업에서 근무하는 안승우(가명) 씨는 업무 스트레스를 해소하기 위해 동료들과 자주 술자리를 가졌다. 처음에는 사람들과 원만하게 술을 마셨지만, 술을 마시는 횟수와 양이 점차 늘자 상황이 달라졌다. 그는 술만 마시면 나이 어린 후배들에게 심한 욕을 했고, 그중 한 명에게는 폭행까지 했다. 이 일로 법적인 문제가 생겨 불명예를 피할 수 없었다. 그 사건 이후, 회식 자리에 참석하는 동료들의 수가 급격히 줄었고, 나중엔 승우 씨가 있는 회식 자리엔 단 한 사람도 참석하지 않게 되었다. 결국 혼자서 술을 마시는 신세가 된 것이다. 이처럼 알코올 중독자 곁에는 사람이 남지 않는다. 좋았던 관계는 모두 깨지고 신뢰에도 금이 간다. 그들 곁에 남는 사람들은 똑같은 처지의 알코올 중독자들뿐이다.

알코올에 중독되면 개인적인 생활뿐만 아니라 가정과 사회생활에서도 많은 것들을 잃어버린다. 알코올 중독 초기에는 술로 인해 인간관계가 잘 유지되고 주위 사람들에게 좋은 평판을 받을 수도 있지만, 중독이라 할 만한 음주가 계속되면 점점 사람들로부터 소외되고 고립되기 쉽다. 오랜 시간 술의 노예로 살다 보면, 사소한 것에도 쉽게 자극을 받아 격정적, 논쟁적, 전투적, 호전적인 모습으로 변하게 된다. 증세가 심해질수록 주변 분위기를 더 살벌하게 만들기 때문에, 그들 주변에는 아무도 남지 않는다. 잃어버린 신용과 인간관계를 회복하기 위해서는 하루라도 빨리 알코올 중독 치료를 받아야 한다. 잃어버린 것을 되찾는 길은 그것뿐이다.

7

알코올 중독은 영혼을 파괴한다

여자고등학교 교사인 김영호(가명) 씨는 매우 모범적인 교사였다. 학생들에게 훌륭하고 이해심 많은 선생님으로 인정받았고, 가정에서도 자상하고 배려심 많은 아버지였다. 하지만 술만 마시고 집에 들어오면 가족의 시선 따위 상관하지 않고 옷을 다 벗은 채로 거실에 앉아 포르노 영화를 보았다. 평상시에는 점잖고 도덕적인 사람이었지만, 만취 상태가 되면 이런 행동을 했다. 영호 씨의 자녀들은 매우 당혹스러워했다. 술이 그의 이성과 양심을 모두 망가뜨려 버린 것이다.

알코올 중독자들의 도덕적 훼손은 술을 끊지 않는 한 계속된다. 사소한 거짓말을 밥 먹듯이 하고, 주위 사람들을 기만하며, 술을 사기 위해 도둑질도 하고, 가족에게 언어적 신체적 폭력을 가함으로써 자신의 도덕적 감각과 윤리성을 반복적으로 파괴한다. 알코올 중독으로 인해 우리와 가까운 곳에서 감히 상상하지 못할 성폭력, 근친상간, 살인 등의 흉악 범죄들이 일어나고 있다.

알코올 중독자들은 하느님과의 관계에서도 심각한 손상을 입는다. 술로 인해 영적인 분별력을 잃게 되고, 도덕적인 원칙을 지키지 않게 된다. 알코올은 대뇌에 내재된 억제력을 둔화시키고 무력화시켜 분노, 자기혐오, 탐욕, 미움, 폭력, 정욕 등에 지배되도록 만든다.

사실 알코올 중독자들도 자신의 비도덕적이고 비윤리적인 행동을 인식하고 심한 수치심과 죄책감을 느낀다. 미국의 어느 저명한 박사는, 알코올 중독자가 경험하는 정서적 고통은 형용할 수 없으며 그가 아무리 교만히고 자신감이 있더라도 그의 주된 감정은 수치심과 자기 혐오감이라고 말했다.

대부분의 알코올 중독자들은 이러한 자책감과 수치심

으로 하느님을 멀리하고, 교회로부터 멀어진다. 그들이 아무리 마음을 다해 하느님을 모시려고 해도 영혼이 술로 인해 힘을 잃게 되는 것이다. 정신적인 고립감과 자기혐오를 견디지 못해 스스로 목숨을 끊는 사람도 있다. 이렇듯 알코올 중독은 인간의 정신을 붕괴시키고 영혼을 황폐하게 만든다.

8

소중한 것들을 잃다

전직 고등학교 교사인 이정수(가명) 씨는 명문대를 졸업하고 고등학교 교사로 일하며 학생들을 열심히 지도했다. 하지만 시간이 지나면서 차츰 자신의 일에 흥미와 의미를 잃었다. 그 허무감을 달래기 위해 학교 수업이 끝나면 동료 교사들과 술을 마셨는데, 그 횟수가 늘수록 귀가 시간도 늦어지고 집까지 어떻게 왔는지조차 기억나지 않을 때도 많았다. 그럴 때마다 아내와 다투게 되고, 자녀들도 아버지가 집에 들어오면 상대도 하지 않고 피해 버렸다. 그래도 아내는 어떻게든 참으며 남편을 살폈으나, 그는 그런 아내와 자식들에게 폭력을 휘둘렀다. 정수 씨의 가족은 술만 마시면 공포 분위기를 만드는 가장 때문에 지옥의 나날을 보내야만 했다. 정수 씨는 결국 가정에서 외톨이가 되었고, 가족이 자신의 마음을 알아주지 않는다며 서운해했다. 동료 교사들은 술만 마시면 문제를 일으키는 그와 술을 마시러 가지 않았다. 그는 철저히 혼자가 되어 고독감을 느꼈다. 그 고독감을 잊기 위해 더 많은 술을 마셨고, 전날 마신 술이 깨지 않아 수업을 할 수 없는 지경이 되었다. 결근하는 날도 늘었다. 그는 문제를 극복하고 새로운 삶을 살고 싶었지만, 날이 갈수록 알코올 중독 증세가 심해져 결국 15년간의 교사 생활을 그만두게 되었다. 금단 증상이 심해진 정수 씨는 점점 더 손을 떨었고 걸음도 불안정해졌으며 자주 다쳤다. 심지어 환청과 환시에 시달렸는데, 아무도 없는데도 불구하고 "문 뒤에 있는 게 누구냐? 저기 탁자 밑에 뱀이 기어간다!" 하고 소리쳤다. 그는 그런 상태가 되어서야 가톨릭알코올사목센터를 찾아오게 되었다. 그는 전문적인 의학 치료를 받았고, 단주 치료 모임에 참석해 자신과 같은 병을 앓고 있는 사람들을 보며 위안을 얻고 단주를 시작했다. 또 매일 단주 묵상을 하며 자신의 삶을 성찰했다. 중독 치료를 받던 중 그는 나에게 이렇게 고백했다. "저는 어떻게든 훌륭한 교사로 살고 싶었습니다만, 술에 빠지고부터는 학생들을 가르치는 것보다 술을 마시는 게 즐거웠어요. 그래서 수업을 일찍 마치고 술을 마신 적도 있습니다. 어떤 날은 숙취로 수업을 못하기도 했고요. 그럴 때마다 학생들과 다른 선생님들에게 얼마나 창피했는지 모릅니다. 알코올 중독에 걸린 채 주위의 경멸을 받으며 죽는 것은 싫습니다. 결코 과거의 알코올 중독 상태로 돌아가지 않겠습니다. 술을 끊고 보니 그동안에는 전혀 눈에 들어오지 않던 하늘과 산의 아름다움에 새로운 감동을 느낍니다. 자연의 색과 향기에 평온함을 느낄 수 있습니다."

정수 씨는 알코올 중독으로 오랫동안 가족을 불안과 공포의 심연에 빠뜨렸고 직장까지 잃어버렸다. 하지만 현재는 술을 완전히 끊고 시골에서 가족과 농사를 지으면서 행복하고 편안한 시간을 보내고 있다.

9

단주는 알코올 중독 치료의 출발점이다

 알코올 중독자 오영석(가명) 씨는 회식 자리를 몰래 빠져나와 슈퍼마켓에서 소주 여러 병을 샀다. 그리고 직장 근처 버스 정류장 벤치에 자리를 잡고 술을 마시기 시작했다. 만취 상태가 된 그는 버스 정류장 벤치를 자신의 집으로 착각해 가방과 안경 등의 소지품을 가지런히 내려놓고 양복 윗도리는 나뭇가지에 걸어 놓았다. 그는 신발에 양말까지 벗은 상태로 잠이 들고 말았다. 다음 날 아침, 출근하는 부하 직원들이 그 모습을 목격했고, 그는 자신의 행동에 수치심을 느껴 중독 치료를 받게 되었다.
 가장 일반적인 알코올 중독의 원인은 인간관계로 인한

스트레스이다. 약간의 술은 인간관계를 원만하게 하는 윤활유 역할을 하기도 한다. 이때의 목적은 어디까지나 관계 형성이며 술은 수단에 불과하다. 하지만 알코올에 중독되면 술을 마시려는 주요 목적인 인간관계는 안중에도 없게 되고, 오직 모든 것으로부터 도피하고자 술을 마신다. 영석 씨의 경우, 회식 자리에서 술을 마셨음에도 불구하고 혼자서 더 많이, 더 빨리 마시고자 회식 자리를 빠져나왔다. 그리고 많은 양의 소주를 빠르게 마셨다. 이처럼 알코올에 중독되면 술을 급하고 빠르게 마신다. 그러한 양상이 반복되어 사람을 죽음으로 내몰기 때문에 반드시 치료의 1단계인 단주를 시작해야 한다.

알코올 중독자가 단주를 시작하면 처음에는 어지러움, 손 떨림, 오심, 오한 등의 알코올 이탈 증상이 나타나 고통스럽다. 하지만 이 시기를 잘 견디면 전보다는 훨씬 편안한 상태가 된다. 이때 당장의 기분으로는 내가 건강하다는 느낌을 가질 수 있다. 하지만 그럴 때 단주 결심을 더 굳건히 하고 실천을 이어 나가야 한다. 3개월 정도 입원 치료를 받은 후, 알코올 중독에 빠진 내 인생은 싫다, 이제 술은 마시지 않겠다는 결심을 하고 일상생활로 돌아가려 하지만, 술을 끊는 것은 생각보다 정말 어려운 일이다. 술을 마시며 좋았던 쾌락의 순간은 일시적이지만, 그 쾌락의 기억들이 중추신경에 남게 되어 다시 술을 마실 기회만을 계속 기다린다. 특히 알코올 중독 치료를 위해 입원한 환자가 첫 외출을 할 때, 다시 술을 마시는 경우가 많다. 그들은 혼자 몰래 마시기 때문에 주위의 관심과 도움이 반드시 필요하다.

알코올 중독자들도 원래는 근면 성실한 평범한 가장이었다. 복잡한 인간관계의 그물망 속에서 많은 스트레스를 받고 그 스트레스를 지나친 양의 술로 풀었을 뿐이다. 알코올 중독자로 사는 건 고통스럽다. 그럼에도 불구하고 결국 가족이나 주위 시선을 피해 몸을 가누지 못할 만큼 술을 마신다. 알코올 중독 치료는 단순히 술을 끊는 행위만으로는 회복되지 않는다. 알코올 중독자들이 지닌 근본적인 문제를 해결하지 않는 한 회복 가능성은 희박하다. 알코올 중독의 근본적인 원인인 인간관계 문제를 중독자 스스로 건강하게 풀려는 자각을 해야 희망이 있다.

10

중독자와 치료자 사이의 깊은 연대가 중요하다

40대 초반의 미혼인 정훈정(가명) 씨는 가톨릭알코올사목센터를 방문했을 당시 몹시 화가 난 상태였다. 어머니, 누나, 여동생까지 온 가족이 훈정 씨와 함께 와 상담실을 꽉 채웠다. 상담을 신청한 사람은 그의 누나였다. 평소 동생의 알코올 중독 상태가 심각하다고 느꼈지만, 동생을 정신병원으로 데리고 가는 건 내키지 않았다. 그래서 인터넷을 검색하고 지인의 소개도 받아 가톨릭알코올사목센터로 오게 된 것이다. 가족들은 훈정 씨보다는 안정적으로 보였으나, 훈정 씨만은 좌불안석이었다. 그의 가족은 마치 어린 남동생을 달래듯 그를 대했고, 그는 그런 상황을 창피해하는 것

같았다. 그는 최근에 술을 마시고 엄청난 사건을 벌인 후였고, 가족에 대한 죄스러움을 어떻게든 덜어 내기 위해 누나 손에 이끌려 억지로 센터에 온 것이었다. 몸은 상담실에 와 있지만 속으로는 빨리빨리 대충대충 상담을 마치고 집으로 돌아갈 계획이었다. 그러면서도 마음 한편으로는 알코올 중독 전문가에게 '당신은 알코올 중독자가 아니다.'라는 확답을 가족들 앞에서 듣고 싶었다. 그는 상담 중에도 갑자기 일어나 서성거리며 자신의 음주 상태를 축소시켰고, 자신은 알코올 중독과 거리가 멀다는 말을 여러 번 했다. 그런데 3개월이 지나자 그는 치료 센터에 오는 것이 편안하다고 했다. 단주 치료 프로그램에 참석할 때, 늦을 것 같으면 미리 전화를 했고 늦게라도 가서 커피 한 잔이라도 마시고 싶다고 말할 정도였다. 그는 무교였는데도 매월 마지막 주에 하는 피정에 열심히 참석했고, 어머니를 모시고 올 때도 있었다. 그밖에 치료 센터에서 주최하는 다양한 활동에 자발적으로 참여해 자원 봉사 활동을 했다. 이처럼 훈정 씨는 3개월 이상 중독 치료를 받으며 정서적으로 안정감을 되찾았으며, 회복의 단계를 밟고 있었다. 처음에 치료 센터를 불편하게 여겼던 마음이 바뀌어 자신의 집처럼 편안하게 여긴 덕도 컸다. 이 부분에서 알코올 중독 회복을 위한 치료 센터의 역할을 되새겨 보게 된다. 치료 센터는 중독 환자에게 위화감이나 불안감을 줄 수 있는 환경을 지양하는 것이 좋다. 또 치료자의 태도나 말투도 중요한데, 알코올 중독자가 치료자와 좋은 관계를 형성하게 되면 중독 치료를 훨씬 수월하게 진행할 수 있다. 치료진과 알코올 중독자 모두 같은 인간이다. 사람이 하는 일이 다 그렇듯, 서로 아무런 방어 없이 자유롭게 의사를 표현하고 마음의 안정감을 얻는 것이 중독자에게 가장 좋은 치료 방법이 될 수 있고, 그것을 가능하게 하는 것이 치료 센터의 역할일 것이다.

대부분의 알코올 중독자는 스스로가 알코올 중독이라는 치명적인 질병에 걸렸다는 것을 인정하고 수용하는 순간 회복을 갈망한다. 하지만 중독자는 이 질병의 가장 핵심적이면서도 치명적인 중독의 특징을 왜곡하기 시작한다. '나는 다른 사람들과 달리 특별하니까 할 수 있다.', '나는 지금까지 열심히 살았고 신앙심도 깊으니 아마도 하느님은 나를 구원해 주실 것이다.'라고 스스로를 위로하면서 중독 문제를 축소한다. 모든 것이 자신을 중심으로 일어난다고 생각하고, 모두 옳거나 혹은 모두 틀린 것이라는 이분법적인 사고를 갖고 있기 때문이다. 또 한 가지는 상황을 부정적으로 단정 짓거나 상황을 축소해서 부정적인 생각으로 귀결하는 성향 때문이기도 하다. 또 충분한 근거 없이 특정 결론에 이르는 임의 추론, 비교, 최악의 시나리오가 현실이 될 거라고 믿고 집착하는 재앙화 등의 사고방식도 그 원인이라 할 수 있다. 하지만 이런 방어 기제들의 총출동에도 불구하고 결국 단주를 이어가지 못하고 조절 음주나 절주를 시도한다. 영화 〈죽은 시인의 사회〉, 〈굿 윌 헌팅〉 등 다수의 작품에서 주연으로 열연한 유명 영화배우 로빈 윌리엄스도 알코올 중독자였다. 그는 20년간 단주를 하다가 결국 절주를 시도함으로써 여러 차례 알코올 중독이 재발했고, 결국 2014년에 세상을 떠났다. 이처럼 중독자가 절주에 집착하는 것은 중독 치료 과정에서 흔히 일어나는 일이다. 이미 많은 사람들이 절주를 시도했지만 성공한 사람은 없다. 오직 단주만이 유일무이한 비법이다. 고수들만이 알고 있는 특별한 회복 요령 따윈 없다. 단주만이 가장 보편

적이고 상식적인 방법이다. 회복을 위해서는 무엇보다 알코올 중독 치료 센터를 방문해 자신의 상태를 정확하게 진단받고 치료 센터와의 긴밀한 연대 안에서 치료를 이어 나가는 것이 중요하다.

11

오이와 피클은 다르다

가톨릭알코올사목센터에 다니고 있는 송근석(가명) 씨에게 오랜 기간 치료 센터에 꾸준히 올 수 있는 이유를 물은 적이 있다. 그는 이렇게 대답했다.

"처음에는 의무감에 왔습니다. 그런데 시간이 지나면서 제 일상의 일부가 되더라고요. 그래서 지금은 모임이나 치료에 빠지면 밥 한 끼 거른 것처럼 허전합니다. 아, 그리고 반드시 오게 만드는 이유가 한 가지 있습니다. 이곳에 오면 오이와 피클의 관계를 분명히 알게 되거든요. 제가 알코올 중독에 걸렸다는 진단을 받았을 당시, 단기간에 집중 치료를 받으면 원래 상태로 돌아갈 것이라고 굳게 믿었습니다.

그래서 신부님께 2~3개월 완성 집중 치료 프로그램에 참석하게 해 달라고 요청했던 것이고요. 사실 그땐 죽느냐 사느냐가 달린 절체절명의 시간들이었죠. 모든 것을 바쳐 다녔던 직장에 술 문제로 큰 손해를 입혀 정말 무참히 버림을 받았습니다. 회사를 가정보다 소중하게 생각하고 제 인생의 최우선 순위로 뒀었는데, 실수 한 번으로 냉혹한 벌을 받았다고 생각했습니다. 그 배신감은 이루 표현할 수 없었습니다. 직장 내 인사위원회가 소집되었고 알코올 중독이 완쾌되지 않으면 회사를 영원히 떠나라는 조건부 권고사직 결정이 내려졌습니다. 그때의 제 심정이 어느 정도 상상이 되시겠어요?"

나는 그에게 "네, 정말 초조하고 답답하셨을 것 같습니다. 그런데 오이와 피클은 무슨 관계가 있나요? 정말 궁금하네요."라고 말했다. 그러자 그는 또다시 긴 이야기를 시작했다.

"그때 당시 저는 스스로를 특별한 사람이라고 생각했습니다. 때문에 알코올 중독 치료가 아무리 어려운 일이라 해도 저는 예외라고 생각했죠. 3개월 안에 알코올 중독 치료 확인서를 들고 보란 듯이 회사로 복귀해 인사위원회에 던져 주는 게 제 계획이었습니다. 그때 인터넷 검색으로 이곳저곳 치료 기관을 알아 봤는데, 대체로 6개월 이상 걸리더군요. 그리고 그곳에서 말하는 알코올 중독 증상이 저와는 거리가 먼 것 같았습니다. 그래서 다른 기관들을 꾸준히 검색했고, 가톨릭알코올사목센터를 알게 되었습니다. 지인들도 이곳을 추천해 주었고요. 그래서 속전속결로 예약하고 상담과 치료를 받아 모든 숙제를 끝내려 했습니다. 2, 3주 정도 집중하면 될 거라는 생각으로 처음 방문하게 되었죠. 그때 신부님이 제 이야기를 경청하시고는 안심을 시켜 주시더라고요. 시작이 반이니 시작부터 해 보자고 하셨습니다. 하지만 저는 조급증이 일기 시작했어요. 왜 이리 차도가 없냐며 약물 처방도 받겠다, 단기 입원도 병행하겠다며 졸라 댔습니다. 빨리 완쾌해서 치료 확인서를 회사에 가져가고 싶었거든요. 스스로 술을 조절하면서 마실 수 있다는 걸 보여 주려고 했었어요. 그런데 치료를 시작한 지 3개월쯤 되었을 때, 신부님이 오이와 피클 이야기를 해 주셨어요. 그때 불쑥 저에게 오이를 좋아하냐고 물으셨잖아요? 사람들은 싱싱한 오이를 그냥 먹기도 하지만 절여서 피클로 만들어 먹기도 한다고. 그러면서 오이와 피클은 색깔, 형태, 맛, 쓰임새 등이 완전히 다르다고 하셨죠. 그리고 피클을 다시 오이로 바꿀 수는 없다고, 아무리 물에 담그고 소금물과 식초와 설탕물 등을 빼려 해도 피클은 오이로 돌아가지 않는다고 말씀해 주셨어요. 알코올 중독도 오이와 피클 같은 거라고, 한번 알코올에 중독되면 다시는 술을 조절해 마실 수 있는 정상적인 뇌로 바뀔 수 없다고 하셨어요. 중독자의 뇌도 오이처럼 알코올에 절임을 당해서 피클이 된 거지요."

근석 씨의 이야기를 듣다 보니 나도 그때의 일이 생각났다. 그는 나에게 이런 질문도 했었다. "피클을 다시 오이로 바꿔 먹기 위해 물로 잘 씻으면 안 될까요?" 나는 그건 불가능하다고 말해 주었다. 근석 씨는 내 얘기를 듣고 자신의 계획이 얼마나 어처구니없는 것인지 깨달았다고 한다. 그래도 그는 오이와 피클 이야기에서 작은 희망을 얻었다. 피클이 오이가 될 순 없어도 물에 넣어 두면 색과 맛을 비롯한 여러 가지가 변할 수는 있을 것이며, 마찬가지로 알코올 중독도 치료 프로그램에 오랫동안 꾸준히 참석하면 조금씩 나아질 수 있을 것이라 생각했다고 한다. 그리고 지금은 프로그램에 참석하지 않으면 오히려 기분이 이상할 정도라고 했다. 행복하다는 말을 건네는 그를 보며, 알코올 중독 치료에서 무엇보다 중요한 것은 깊은 신뢰와 끝없는 격려임을 다시 한번 느꼈다.

12

비 온 뒤에 땅이 굳는다

 알코올 중독자였던 라동석(가명) 씨는 무려 12년이라는 장기간 동안 단주에 성공한 사람이었다. 그 시간 동안 단 한 번의 재발도 없었다. 그의 막내딸은 아버지가 단주를 이어 나가는 모습을 보며 그제야 마음을 놓고 결혼을 하게 되었다. 동석 씨는 딸의 결혼식 날 정말 기쁘고 행복했다. 그리고 알코올 중독을 완전히 극복했다는 자신감이 차올랐다. 그러나 안타깝게도 그날 바로 중독이 재발하고 말았다. 자만이 재발을 부른 것이다. 그래도 그는 재발에 굴하지 않았다. 자신의 교만을 깊이 회개했고, 알코올 중독 회복의 가장 기본적인 원리인 겸손을 철칙으로 여기며 현재까지 단주를 계속하고 있다. 알코올 중독에서 벗어나기 위한 왕도는 없다. 단주를 목표로 두고 하루하루 실천하며 겸손하게 인내하는 수밖에 없다.

아홉 형제 중에 일곱째로 태어나 자라며 연극배우를 꿈꿨던 김민수(가명) 씨는 출판사에 다니던 아내와 결혼하면서 배우의 길을 포기하고 회사에 취직해 영업 사원이 됐다. 영업 사원으로서 두각을 드러내며 승승장구했지만, 역시 술이 문제였다. 영업 사원이라는 직업 특성상 새벽 2~3시까지 술을 마셨고, 새벽 4시에 귀가해 잠깐 눈을 붙이고 정시에 출근하는 생활이 반복되었다. 아내는 그런 남편의 삶의 방식에 의문을 갖게 되었다. 남편은 지속적으로 비슷한 잠꼬대를 했는데, 이를 통해 알게 된 남편의 머릿속은 온통 회사 생각뿐이었다. 민수 씨는 잠꼬대로 동료나 부하 직원에게 '저 녀석은 못 쓰겠다느니, 저 놈은 꼴통이라는 말을 거침없이 해 댔다. 민수 씨의 아내는 남편의 인격이 점점 황폐해지고 있다는 것을 느꼈다. 민수 씨는 하루도 거르지 않고 술을 마신 결과 만성 간염에 걸려 한 달에 한 번은 결근을 하게 되었다. 그러면서도 잠자는 시간까지도 회사 일 생각뿐이었고, 술 접대가 반복되면서 아내와의 사이도 악화되어 몸뿐 아니라 마음까지 병이 들었다. 결국 지인의 소개로 가톨릭알코올사목센터에 오게 되었고, 알코올 중독 진단을 받아 바로 치료를 시작했다. 그러면서 아내와의 관계도 점차 회복되어 연애 시절에 아내와 주고받던 교환 일기를 다시 쓰게 되었다. 이를 계기로 부부는 삶의 의미를 생각하며 서로를 충분히 이해하게 되었다. 그들은 부부 상담도 병행하면서 그들 사이의 미해결 과제를 풀어 가며 노후 설계도 해 나갔다. 이들 부부는 알코올 중독을 치료하면서 끈끈한 유대감을 갖게 된 것이다. 민수 씨의 아내는, "남편의 알코올 중독이 우리 부부에게는 축복이 된 것 같아요. 남편의 알코올 중독을 알게 되었을 때, 하늘이 무너지고 땅이 꺼지는 것 같은 분노와 절망을 느꼈습니다. 그런데 지금 제 입에서 축복이라는 말이 나오다니 이런 게 바로 기적 아닐까요."라고 말했다.

민수 씨는 단주를 계속하기 위해 아직도 매달 하루씩 가톨릭알코올사목센터에 빠지지 않고 참석하고 있다. 재발에 대한 두려움 때문만은 아니었다. 그는 스스로 노력해서 되찾은 부부의 유대감과 사랑을 계속 지키고 싶었던 것이다. 이렇듯 알코올 중독 치료에서 가장 중요한 것은 알코올 중독자 스스로가 자신의 삶에 의미를 부여하는 것이다. 이런 과정 없이는 진정한 중독 치료는 이루어지지 않는다. 그 다음으로 구체적으로 우선시해야 하는 게 바로 단주다.

3

알코올 중독자를 위한 가족의 역할

1

알코올 중독자를 방치하면 언젠가는 죽는다

　알코올 중독자인 봉인호(가명) 씨가 아내와 함께 가톨릭 알코올사목센터를 찾아왔다. 인호 씨는 많은 양의 술을 마신 듯 횡설수설하였다. 그리고 자신의 술 문제에 대해 아내가 말을 꺼내면 무조건 화를 냈다. 그는 평소에 술만 마시면 가족에게 심한 욕을 하고 폭력을 가했다. 때문에 인호 씨가 술을 먹고 들어오는 날이면 가족은 불안에 떨어야만 했다. 어느 해 겨울에는 가장의 구타를 피해 온 가족이 밖으로 뛰쳐나와 추위에 떨어야 했다. 나는 인호 씨에게 알코올 중독 치료를 받을 것을 권했지만, 그는 필요없다며 단번에 거절했다.

알코올 중독자가 치료를 거부할 때 가족은 참 난감하다. 실제로 알코올 중독자들이 자발적으로 치료에 임하는 경우는 극히 드물다. 가족이 중독자에게 치료를 권하면 화를 내거나 자신이 중독자라는 사실을 강하게 부정한다. 그렇다고 해서 그대로 방치하면 언젠가는 사망에까지 이를 수 있다. 왜냐하면 알코올 중독은 만성적인 질병이고 진행성 질병이기 때문이다. 시간이 지나면서 서서히 신체적인 죽음, 정신적인 죽음, 영적인 죽음에 이르게 되어 결국 사망 선고를 받게 된다. 어쩌면 화재보다도 더 무서운 것일 수도 있다. 불에 타고 나면 땅이라도 남지만, 알코올 중독자에게는 아무것도 남지 않는다. 자기 자신을 잃게 되는 것뿐만 아니라 소중한 가족도 죽음으로 몰아넣을 수 있다.

술로 문제를 자주 일으키는데 알코올 중독인지 판단하기 어려운 가족 구성원이 있다면 다음의 세 가지 정신 상태를 참고하기를 권한다.

첫째, 술에 취하면 제정신이 아니므로 진지한 대화를 할 수 없다.

둘째, 연속적으로 술을 마시다가 한동안 술 마시는 것

을 중단한다. 그러고는 직장에 다시 나가 일을 한다. 치료를 권하면 자신은 멀쩡하게 직장 생활 잘하고 있다며 강하게 거부한다.

셋째, 술을 마시고 큰 문제를 일으켜 자책한다. 이럴 때 바로 중독 치료를 권하는 것이 효과적이다.

알코올 중독자를 가장 가까이에서 지켜보게 되는 건 가족이다. 그러니 알코올 중독 증상에 대한 파악도, 치료 권유도 가족의 역할인 경우가 많다. 하지만 중독자와 가족의 관계가 악화되면 아무리 치료를 권해도 말을 듣지 않을 것이다. 그럴 때는 중독자에게 치료를 강력하게 권할 제3의 인물을 찾아 도움을 요청하는 것이 좋다.

2

알코올 중독자의 자기 합리화와 변명에 휘둘리면 안 된다

알코올 중독자 최인태(가명) 씨가 아내와 함께 가톨릭알코올사목센터에 방문했다. 인태 씨는 언론인답게 언변도 뛰어나고 논리적이었다. 그는 그동안 술 문제로 아내와 많은 다툼을 했고, 현재는 별거 중이었다. 그런데도 그의 아내는 남편의 알코올 중독 문제를 해결하고자 치료 센터를 방문한 것이었다. 내가 인태 씨에게 어떤 도움을 주면 좋겠냐고 묻자, 그는 화난 말투로 아내가 하도 애걸복걸해서 함께 온 거라고 했다. 그의 아내가 술 문제를 신부님께 솔직히 말해 보라고 권유하자 그는 몇 주 전에 술에 취해 집에 들어간 걸 가지고 이 야단이라며, 애들하고 합세해서 더 난리라고 쏘아붙였다. 지금 많이 힘드시겠다는 내 말에 그는, 어디 하늘같은 남편을 집에서 쫓아낼 수가 있냐며, 도저히 아내와 아이들을 용서할 수 없다고 화를 냈다. 그 말을 듣고 나는 "남편이, 아버지가 술을 마시니까 가족들도 화가 나서 그렇게 한 것이겠지요. 그러니까 이제부터라도 단주 치료를 받아 술을 끊고 새 삶을 살아 보시지요."라고 말했다. 그러자 그가 갑자기 벌떡 일어나 "이것들 다 한패거리구만!"이라고 내뱉고는 상담실을 나가 버렸다. 나는 그의 아내에게 가족 중에서 남편에게 가장 큰 영향력을 행사할 수 있는 사람이 누구냐고 물었고, 그의 아내는 술로 돈을 탕진하는 남편이 꼼짝도 못하는 사람은 재력이 있는 큰형님이라고 말했다. 나는 큰형님에게 남편의 상태를 알리고 치료를 받도록 도움을 청하는 게 좋겠다고 조언했다.

인태 씨의 경우처럼 알코올 중독자들은 자신의 음주 문제를 부인하고, 변명하며, 자기 합리화를 한다. 때문에 가족이나 주위 사람들의 애정 어린 충고를 전혀 받아들이지 못한다. 알코올 중독에 대한 전문 지식이 없는 가족은 중독자의 말이나 행동에 휘말리게 된다. 그렇기 때문에 중독자가 알코올 중독 치료를 받게 하기 위해서는 가족부터 중독에 관한 책을 읽고 교육을 받을 필요가 있다. 중독자가 충고를 잔소리로 듣고 화를 내거나 술을 마시는 문제에 대해 아예 말을 꺼내지 못하게 하더라도 포기하지 말고 단호하게 치료를 권하기 바란다. 그렇지 않으면 중독자는 어느 곳에서도 도움을 받지 못하고 육체적, 정신적으로 망가지고 말 것이다.

3

알코올 중독자에게 금전적 도움을 주는 일은 밑 빠진 독에 물 붓기다

강석진(가명) 씨의 아내는 남편에게 충실한 아내였다. 남편이 음주운전 사고를 냈을 때는 치료비와 자동차 수리비를 대 주었고, 남편이 술을 너무 많이 마셔 다음 날 직장에 출근을 하지 못할 때는 남편 대신 회사 상사에게 전화해 출근하지 못하는 이유에 대해 설명해 주었다. 이처럼 석진 씨의 아내는 남편이 술로 일으킨 문제들에 대해 성심을 다해 뒤치다꺼리를 했다. 가끔 남편에게 알코올 중독 치료를 받을 것을 권했지만 남편은 그때마다 완강히 거절했고 날이 갈수록 알코올 중독은 심각해져 갔다.

그동안 석진 씨의 아내는 남편이 술을 마시고 벌인 문제에 대한 물질적인 해결을 도왔지만, 남편은 자신의 알코올 중독 증상을 부정했고 중독 치료를 받으려 하지 않았다. 석진 씨의 아내가 한 것처럼, 알코올 중독자가 음주 문제를 일으켰을 때 가족이 대신 나서서 해결해 주는 것은 중독자와 가족 모두에게 바람직하지 않다. 알코올 중독자가 신체적, 심리적, 정서적, 사회적으로 문제를 일으켰을 때 가족이 대신 해결해 주기보다는 중독자 스스로 문제를 해결하도록 하는 편이 좋다. 알코올 중독자에게 술을 끊게 하기 위해서는 어떤 행동이 옳은 행동이고 알코올 중독자를 진정으로 돕는 일인지를 분별할 필요가 있다.

사랑하는 남편이나 부인 또는 자녀가 술을 너무 많이 마시고 가족뿐만이 아니라 다른 사람들에게까지 피해를 준다면 큰 문제다. 그러므로 가족 구성원 중 하나가 알코올 중독자란 사실이 확인되면, 가족은 중독 행위를 어떻게 중단시키고 치료를 할 수 있는지에 관심을 가져야 한다. 알코올 중독자가 회복하는 데 가족의 역할이 매우 중요하며, 알코올 중독자를 어떻게 대하느냐에 따라서 회복의 가능성이 달라질 수 있기 때문이다. 즉 가족이 알코올 중독자를 이해하는 행동과 태도가 중독자의 회복에 중요한 영향을 미친다. 알코올 중독자가 어려운 일을 당하거나 돈과 관련된 문제를 일으켰을 때, 가족이 무조건 도와주는 일은 밑 빠진 독에 물 붓기와 같을 수 있다.

모든 환자에게는 가족과 주위 사람들의 사랑과 보살핌이 필요하다. 하지만 알코올 중독자의 경우는 다르다. 알코올 중독자에게 기울이는 가족의 그릇된 사랑과 관심이 오히려 알코올 중독이라는 질병을 악화시킬 수 있다. 대부분의 가족은 알코올 중독자를 도와줌으로써 중독자를 치료하려고 한다. 그래서 직장에서나 사회에서 문제를 일으키면 대신 막아 주고, 심지어는 생활비까지 준다. 그러나 안타깝게도 중독자들에게 돈을 주면 대부분 술을 마시는 데 사용하고 만다.

알코올 중독자가 음주로 진 빚을 가족이 대신 갚아 주고, 어려운 경우 금전적인 도움을 준다고 해도 그것은 일시적인 효과일 뿐이다. 중독자를 물질적으로 도와주는 일은 중독자가 자신의 중독 문제들을 직면하지 못하게 하고, 단주에 대한 동기도 갖지 못하게 하는 결과로 이어진다. 알코올 중독자에게 금전적인 도움을 주는 것은 중독 치료에 결코 도움이 되지 못한다. 오히려 알코올 중독을 지속시키고 악화시킨다.

4

엉뚱한 죄책감 대신 단호함을 택해야 한다

성민숙(가명) 씨가 가톨릭알코올사목센터에 찾아와 남편의 음주 문제에 대해 토로했다.

"제 남편은 하루도 빠지지 않고 술을 마셔요. 3차까지 가서 술을 마시는 건 기본이고 어떻게 집에 온지도 기억을 못하죠. 지난주에는 회식을 하던 중 평소 불만을 품고 있던 부하 직원을 폭행해 경찰서에도 갔었어요. 다행히 피해자가 합의를 해서 풀려나기는 했지만, 어마어마한 액수의 합의금을 날렸답니다. 시댁 어른들은 이런 상황은 꿈에도 모르고 당신 아들이 최고라고만 생각하고 있다니까요."

나는 남편의 음주 문제를 혼자 힘으로 해결하려고만 하

지 말고 시댁 어른들과 함께 풀어 보라고 조언했다. 그리고 몇 주 후 민숙 씨가 다시 나를 찾아와 시댁 어른들과 나눈 대화 내용을 이야기했다. 민숙 씨의 시어머니는 민숙 씨가 아내의 역할을 제대로 못해서 당신 아들이 술만 마시고 다니는 거 아니냐며 오히려 역정을 냈다고 했다. 어쩌면 민숙 씨의 시댁 어른들은 아들의 술 문제를 인정하고 싶지 않았을 것이다. 또 같은 집에서 살고 있지 않기 때문에 아들의 심각한 술 문제를 다 모를 수도 있다.

알코올 중독자의 가족 중에는 순교자 유형이 있다. 이런 사람은 중독자가 술을 마시는 것을 자기 탓이라고 자책한다. 중독자로 인해 불편함과 실망, 심지어 고통까지 느끼면서도 감수하며 중독자에게 조종을 당하는 것이다. 분명한 것은, 중독자가 술을 마시는 이유와 핑계들이야 다양하겠지만, 술을 마시는 것도 중독자 자신이고 문제를 일으키는 것도 중독자 자신이라는 사실이다. 그러므로 가족은 알코올 중독자가 자신의 음주 자체에 책임감을 갖도록 해야 한다. 그럴 때 중독자 자신이 음주의 심각성을 깨닫고 치료에 발을 딛는 동기가 마련될 것이다.

알코올 중독자의 가족은 중독자의 음주 문제에 두려움과 절망을 느끼면서 동시에 책임감을 가지고 있다. 그래서 온갖 도움을 주며 술을 끊게 하려 애쓰지만 결국 한계를 느끼며 고통스러워한다. 아무런 변화도 느끼지 못할 땐 슬픔을 넘어 분노까지 느끼게 된다. 알코올 중독자의 가족은 스스로에게 이런 질문들을 하곤 한다. '내가 무슨 잘못을 해서 저 사람이 저렇게 술을 마시는 걸까, 내가 내 자식을 얼마나 못마땅하게 여겼으면 저 아이가 저렇게 술을 마시고 화를 내는 것일까, 왜 우리 가정에만 알코올 중독자가 있어서 항상 불안과 두려움에 떨어야 하나, 우리 가정은 언제 알코올 중독 문제에서 완전히 해방되어 편안한 삶을 살 수 있을까.' 그리고 한편으론 친척이나 친구들이 알게 될까 봐 두려워하고 창피해한다. 알코올 중독자들은 가족의 이런 죄책감을 교묘하게 이용해 감정적인 협박을 일삼는다. '만약 당신이 나를 조금만 더 살갑게 대해 줬더라면, 당신이 가정에 조금 더 헌신적이었다면, 당신이 조금 더 매력적이었다면, 아이들이 말썽을 피우지 않고 공부를 좀 더 잘했다면 나는 술을 마시지 않았을 거야.' 알코올 중독자의 가족은 이런 말들을 사실로 받아들이고 믿는다.

5

알코올 중독자 스스로 문제를 해결하도록 한다

알코올 중독자의 가족은 자신의 가정 문제를 다른 사람에게 말하는 것을 수치스러워하기 때문에 점점 소외된다. 남편이 알코올 중독자인 경우, 남편의 행동을 예측할 수 없기 때문에 부부 동반 모임에 참석하기를 주저하고, 참석해서도 남편이 술에 취해 어떤 공격적인 언행을 할지 몰라 좌불안석이다. 따라서 시간이 흐를수록 사람들과의 만남이 적어지고, 남편의 알코올 중독으로 인한 수치심 때문에 아무에게도 하소연조차 하지 못한다. 그래서 알코올 중독자의 가족은 점점 무력함과 절망감을 느끼며 살게 된다.

도저히 감당할 수 없는 심각한 상황이 되어야 가족은 중독자를 치료할 수 있는 방법을 강구하기 시작한다. 중독 전문 의사와 상담가를 찾아가고, 그리스도인의 경우 기도에 매달리며, 무속 신앙인들은 굿을 하기도 한다. 그러면서 중독자에게 치료를 권하지만 중독자는 웬만해선 말을 듣지 않는다. 그렇게 문제는 점점 더 심각해진다. 가족은 어떻게든 상황을 바꿔 보기 위해 다음과 같은 방법들을 동원한다.

첫째, 알코올 중독자에게 다시는 술을 마시지 않겠다는 약속을 강요하고, 중독자가 술을 마신 상태인데도 음주 문제를 지적하면서 치료를 강요한다.

둘째, 알코올 중독자가 술을 마시지 못하도록 술병을 감추고 돈을 주지 않는다.

셋째, 알코올 중독자에게 술을 마시지 말라고 사정하고, 협박과 회유를 하며, 잔소리를 늘어놓는다.

넷째, 의사, 성직자, 부모와 형제들을 찾아가 도움을 청한다.

안타깝게도 이와 같은 방법으로는 문제가 해결되지 않는다. 우선, 중독자가 술을 마신 상태이거나 금단 증상이 심한 경우 대화 자체가 어렵다. 때문에 중독자가 술이 깼을 때 단주에 대한 대화를 나누고 치료를 권해야 한다. 그리고 알코올 중독자들은 술병을 가방이나 서랍, 찬장, 장롱 등에 감추고 아무도 모르게 술을 마신다. 그러므로 가족이 24시간 알코올 중독자의 음주를 감시하는 것은 불가능하다. 또 알코올에 중독되면 이성이나 감정 모두 바닥을 치기 때문에 가족이 아무리 사정하고 회유해도 소용이 없다. 마지막으로 알코올 중독자는 권위 있는 의사나 성직자 앞에서 술을 끊겠다는 약속을 하더라도 얼마 되지 않아 또 술을 마신다. 치료를 받지 않고는 중독에서 벗어날 길이 없다. 위의 방법들이 일시적으로는 효과가 있을지 모르나 결코 지속적이고 근본적인 해결책이 될 수 없다는 것을 알아야 한다.

안타까운 마음에 가족이 치료와 회복에 그릇된 방식으로 개입하는 건 바람직하지 않다. 가족은 알코올 중독자에게 근본적인 문제의 해결이나 치료는 중독자 본인에게 달려 있다는 것, 그리고 알코올 중독의 끝은 처참하다는 것을 알려 주어야 한다. 또 가족이 중독자에게 상담 기관이나 병원을 알려 줄 수는 있지만, 자신이 치료받을 기관을 정하는 것 또한 중독자 자신의 몫이다.

6

위기를 이용해 단호하게 경고한다

알코올 중독자인 한석준(가명) 씨는 아내가 아무리 단주를 요구해도 듣는 척만 할 뿐 술을 끊지 않았다. 그러자 아내는 그에게 이혼을 요구했고, 그는 최악의 위기를 맞게 되었다. 석준 씨는 17년 동안 결혼 생활을 해 왔고, 사회적으로도 나름대로 성공한 삶을 살아왔다고 자부했다. 하지만 3년 전부터 술로 인해 업무 집중력이 떨어지기 시작했고, 가정생활도 엉망이 되어 갔다. 만취가 되어 집에 들어가서는 아내와 아이들에게 폭언을 퍼부었다. 그의 아내는 남편의 구타로 병원에 입원하는 일까지 겪었는데, 그런 일이 있을 때마다 석준 씨는 다시는 술을 마시지 않고 폭력도 행사하지 않겠다고 약속했지만 한 번도 지키지 않았다. 그의 아내는 더는 참지 못하고 이혼 청구 소송을 제기했고, 석준 씨는 그제야 자신의 음주 문제가 얼마나 심각한지 인식하게 되었다. 여기서 중요한 것은, 알코올 중독자의 가족이 극단적인 경고에만 그치고 경고 메시지를 엄격하게 실천하지 않는다면 아무 소용이 없다는 것이다. 알코올 중독자가 삶의 위기를 기회로 여기고 술을 끊도록 하기 위해 가족 또한 중독 극복을 향한 강한 의지를 보여야 한다. 그리고 중독자 스스로 중독을 극복할 수 있도록 격려하는 것도 중요하다.

위기는 크게 두 가지 유형, 즉 발달적 위기와 상황적 위기로 나눌 수 있다. 우선 발달적 위기는 출생, 입학, 사춘기, 결혼, 출산, 퇴직, 부모나 배우자의 죽음과 같이 인간이 태어나서 죽을 때까지 성장하고 성숙하면서 겪는 인간 성장에 따른 것이다. 상황적 위기는 실직, 금전 상실, 지위 상실, 질병, 자녀의 사망, 이혼, 약물 및 알코올 중독, 사회적 재난 등 인간의 개별적, 특수적 상황과 관련된 것이다. 사람은 오히려 위기에 처해 있을 때 문제 해결에 도움이 되는 치료를 효과적으로 받아들일 수 있다. 위기가 바로 기회가 되는 것이다. 알코올 중독자가 술로 인한 교통사고, 신체 상해, 직장의 경고, 법적인 문제 등에 처했을 때, 가족은 좀 더 엄격하고 분명한 태도를 취할 수 있다. 이번 일을 계기로 술을 끊기 위해 아무런 노력도 하지 않는다면 당신과 이혼할 수밖에 없다, 이제는 자녀들과 내 인생을 사는 게 최선이라고 생각한다, 술을 끊지 않을 거면 집을 나가라고 단호하게 말할 수 있어야 한다. 술과 가정 중 양자택일을 하도록 강력한 메시지를 전하는 것이다.

7

알코올 중독자 가족도 함께 치료받아야 한다

　홍인표(가명) 씨는 가톨릭알코올사목센터에서 3개월 정도 알코올 중독 치료를 받은 후 이제부터는 혼자서 단주를 하겠다며 치료 센터에 나오지 않았다. 그런 인표 씨가 다시 상담 신청을 했다. 치료 센터에 나오지 않은 이후부터 언제까지 단주를 유지했냐고 묻자 이렇게 대답했다.
　"신부님도 잘 아시잖아요. 단주가 그렇게 쉽지만은 않더라고요. 치료 센터에 발을 끊자마자 단주를 유지하기가 어려웠습니다. 조절을 잘해 보려 노력했지만, 조절이 되는 날이 있는가 하면 잘 되지 않을 때도 있더라고요. 신기하게도 한동안은 잘 되더니 그게 참 어려웠어요."

인표 씨는 다시 상담을 받기로 결심한 특별한 계기가 있었냐는 질문에 단주를 다시 결심하게 한 사건 하나를 이야기해 주었다. 그는 치료 센터에 오지 않는 동안 또 이런저런 관계 스트레스를 견디지 못해 단주 의지를 상실해 갔다. 그렇게 뇌 속에 뿌리박힌 술에 대한 간절함이 스멀스멀 올라왔고, 결국 다시 술을 마셨다. 그날 인표 씨의 필름은 끊겨 버렸다. 필름이 끊긴 동안 그는 동네 슈퍼마켓 과일 진열대 위 과일을 다 집어던지고 수박 30여 통을 모두 박살냈다. 그리고 수박에 꽂혀 있던 칼을 휘두르며 사람들을 위협했다. 슈퍼마켓 주인은 어쩔 수 없이 경찰에 신고했고, 그일은 그렇게 일단락되긴 했다. 인표 씨는 아직도 그때 일을 생각하면 아찔하고 무섭다고 했다. 그 일이 있은 후, 단주 치료를 다시 받아야겠다고 결심했다. 그는 다시 치료를 받게 되었을 때 아내에게 치료 센터에 같이 가 보지 않겠냐고 제안했다. 처음 치료받을 당시 부부나 가족이 함께하는 모습이 보기 좋아 부러웠기 때문이다. 하지만 그의 아내는 술은 당신 문제니까 자신과 다른 가족은 끌어들일 생각하지 말라고 싸늘하게 거절했다고 했다.

인표 씨의 아내처럼 중독자의 가족은 중독자 당사자만 치료를 받으면 되는 일이며 가족이 해 줄 수 있는 것이 없다고 생각한다. 정말 그럴까? 중독자 본인만 치료를 받으면 가정의 모든 문제가 해결되는 것일까? 나는 단호하게 아니라고 말하고 싶다. 왜냐하면 중독자와 가족은 정서적인 고리로 연결된 하나이기 때문이다. 그러므로 알코올 중독자의 단주를 희망한다면 가족의 도움이 꼭 필요하며 반드시 가족이 함께 치료받아야 한다.

중독 치료에서 가장 대표적인 가족 치료 이론 중 하나가 가족 체계 이론이다. 중독자와 가족 구성원을 시계의 시침과 분침에 비유해 보자. 시계의 시침과 분침은 정교하게 제작된 톱니바퀴로 서로 연결되어 있고, 연쇄적으로 맞물려 돌아가면서 정확한 시간을 알려 준다. 하지만 시침과 분침이 따로 움직이게 되면 그것은 고장 난 시계이다. 평소 가족 구성원이 각자의 역할을 성실히 수행할 때는 가족의 모습이 잘 유지된다. 그러나 누구 하나가 알코올 중독자인 경우 일상적인 역할 수행에 큰 타격이 생겨 가족이라는 거대한 체계가 무너진다. 알코올 중독자가 포함된 가정이 정상적인 생활을 하기 위해서는 알코올 중독자 스스로 문제를 인식해 치료 동기를 자각하는 것이 우선이고, 다음으로 가족이 중독이란 문제의 심각성을 인지해 함께 치료받으려고 노력해야 한다. 가족이 중독자와 함께하는 것이 가장 좋고, 그렇지 못할 경우 전문 치료 기관을 방문해 중독자에 대해 세세한 사정을 전달한 후 치료 계획을 같이 세우도록 한다.

처음에는 중독자와 자신을 별개로 생각하고 방치하다가 뒤늦게 변화되는 사례들도 있다. 인표 씨의 경우도 그랬다. 두 번째 치료 과정에서 가족은 인표 씨의 회복 의지와 성실한 치료 태도를 확인했고, 그제야 그의 아내도 남편을 따라 치료 센터를 방문해 가족 치료를 받았다. 그들은 그렇게 다시 원만한 가정의 모습을 되찾아 갔다.

8

두려움을 버리고 평정심을 유지해야 한다

 어느 대학에서 한 학기 동안 '중독과 사례 관리'에 대해 강의한 적이 있었다. 그때 내 강의를 듣던 학생 임은정(가명) 씨가 가족의 술 문제가 고민이라며 조용히 도움을 청해 왔다. 한 학기 동안 강의를 들으며 다양한 중독 사례를 접한 터라 그런지 은정 씨는 자신의 이야기를 솔직하게 털어놨다. 은정 씨의 어머니는 교사이자 심각한 알코올 중독자였다. 정신과 입원 치료도 몇 차례 받았지만, 개학만 하면 다시 평상시로 돌아간다고 했다. 하지만 방학 기간이 되면 은정 씨는 어머니를 지극정성으로 돌봐야 했다. 최근 은정 씨에게 사랑하는 사람이 생겨 학교 졸업과 동시에 결혼해 미국으로 유학 갈 계획까지 세웠는데, 알코올 중독자인 어머니가 걱정돼 자신의 미래를 진지하게 생각할 여유가 없다고 했다. 게다가 외동딸이라 어머니에 대한 책임감은 더 막중했고, 은정 씨의 어머니 또한 은정 씨에게 집착하는 편이었다. 나는 여러 차례에 걸쳐 은정 씨에게 알코올 중독 전반에 관한 이야기를 해 주었다. 수업 시간에 다뤘던 내용들도 알코올 중독자 가족인 은정 씨에게 실질적인 도움이 되었을 거라 생각한다. 은정 씨는 결국 한 학기를 마무리할 때쯤 어머니와 함께 내가 있는 가톨릭알코올사목센터를 찾아왔다. 은정 씨의 어머니는 여러 치료 과정을 통해 알코올 중독의 근본적인 원인부터 심층적으로 치료했고, 그 결과 상태가 호전되었다.

은정 씨 어머니의 경우는 성공 사례에 해당하지만, 그렇게 되기까지의 과정이 순탄하진 않았다. 알코올 중독자와 가족이 함께 처음 상담을 받고 돌아갈 땐 모든 걸 알게 되었다는 듯 희망에 부풀게 된다. 하지만 집으로 돌아간 지 몇 시간도 지나지 않아 전화가 빗발친다. 중독자가 가족이 세운 계획대로 따라 주지 않기 때문에 다급한 마음에 다시 코칭을 받고 싶어진 것이다. 이처럼 가족이 대략 알게 된 중독에 관한 지식과 치료 방법이란 아직 치료에 들어서지 못한 중독자에게는 아무런 효과가 없다. 중독 상담을 고작 한 번 받았다고 해서 문제가 모두 해결되지는 않는다. 이런 사실을 차츰 깨닫게 될 즈음, 가족은 좌절과 절망으로 중독자를 포기해 버리기도 한다. 이런 과정에 놓인 중독자 가족들에게 이런 조언을 해 주고 싶다. 우선, 가족부터 확 바뀌어야 한다. 중독자에 대한 두려움에서 벗어나야 하고, 평정심을 찾아야 한다. 그리고 이러한 마음가짐을 오랫동안 유지해야 한다. 가족이 감정적으로 반응하거나 쉽게 지쳐 포기해 버리면 중독자는 폐인의 삶에서 벗어날 수 없다.

그렇다면 알코올 중독자의 가족이 평정심을 유지하는 방법은 무엇일까? 가장 중요한 것은 중독 문제를 질병으로 인정하고 받아들이는 것이다. 중독자를 심각한 만성 질환을 앓고 있는 환자라고 생각해야 한다. 그 다음으로 중독자와 나를 분리시켜야 한다. 어느 정도 거리를 둬야 하는 것이다. 하지만 가족이란 테두리 안에서 분리가 쉬운 일은 아니다. 그래도 어쩌겠나. 아무리 사랑하고 애달파도 옆에서 거리를 두고 지켜보는 수밖에 없다. 치료는 중독자 스스로 받는 것이기 때문이다. 가족이 대신 해 줄 수 있는 것은 없다. 어느 정도 거리를 두는 것에 성공하게 되면, 중독자가 매일 술을 마시면서 벌어지는 사고나 실수에 이전보다는 덜 민감하게 반응할 수 있게 된다. 이런 반응에는 연습이 필요한데, 이를 '냉정한 사랑 실천하기'라고 한다. 중독자나 상황을 잘 모르는 주변 사람들에게 냉정하다는 비난을 받을 수 있지만 치료를 위해 반드시 거쳐야 하는 관문임을 기억하고 흔들리지 말아야 한다. 마지막으로 전문 중독 치료 기관에서 주최하는 가족 치료 모임에 참석할 것을 권한다. 다만, 이 모임에서는 가족의 다른 문제가 아닌 오직 중독 문제만이 대화의 주제가 될 수 있다. 대화의 주제가 한정된 만큼 짧은 시간 안에 참석자들 사이의 공감대가 형성된다. 다른 가족의 이야기가 자신의 경우와 너무 비슷해서 복잡한 감정이 대신 해소되는 경험을 하게 된다. 그런 과정 속에서 자신의 상황을 객관화하게 되고, 치료 전과는 비교할 수 없을 만큼의 넓은 이해력을 갖게 된다. 그러면서 중독자에 대한 이해심도 자연스럽게 생겨 중독자를 위한 효과적인 대안을 찾을 수 있다.

9

알코올 중독자를 회복시키는 힘은 가족에서 나온다

몇 년 전 금융계에 종사하는 권상엽(가명) 씨가 초췌한 모습으로 가톨릭알코올사목센터를 방문했다. 축 늘어진 어깨에 어딘가 자신이 없는 모습이었다. 알코올 중독 초기 상담을 받으러 왔다는 상엽 씨는 긴 이야기를 이어 나갔다.

"혼자 끙끙대다가 너무 걱정이 돼서 찾아왔습니다. 저 같은 사람은 어떻게 해야 하는 걸까요? 저 정말 심각한 알코올 중독자죠? 혹시 저처럼 심각한 중독자들만 모아 놓은 병원으로 보내실 건가요? 제가 아직 직장은 다녀야 하는데, 혹시 다른 방법은 없을까요? 정말 열심히 하겠습니다. 사실 얼마 전에 장인어른이 돌아가셨는데, 그분이 심각한 알코올 중독으로 고생을 하셨거든요. 나름대로 건강관리 잘 하시고 식사도 거르지 않으셨는데, 갑자기 쓰러져 풍이 오더니 거동을 못 하시고 한동안 힘들어하시다 돌아가셨어요. 그때부터 술을 끊으려고 노력해 봤는데, 역시 잘 안 되더라고요. 장인어른이 생전에 저한테 늘 술 끊으라고, 당신처럼 살지 말고 건강한 사람들처럼 즐겁게 살라고 하셨는데 말이죠. 그 말씀이 저한테는 유언이나 다름없었죠."

상엽 씨는 치료 센터에 온 이후부터 정말 열심히 단주를 했고, 센터에서 진행하는 모든 프로그램에 3년 이상 꾸준히 참석했다. 여러 차례 위기는 있었지만 단주를 향한 의지를 놓지 않았다. 그러던 어느 날, 상엽 씨의 아내가 치료 센터로 연락을 했다. 상엽 씨의 아내는, 남편에게 더 이상 센터에 나오지 않아도 된다고, 알코올 중독이 완쾌되었으니 이제부터 술을 조절해서 마시면 된다는 말을 해 달라고 부탁했다. 남편이 술을 끊으면서 직장 생활을 너무 힘들어하는 것 같다는 게 이유였다. 꽤 오랫동안 술을 끊고 지냈으니 이제는 마셔도 되는 것 아니냐며, 이 정도로 조절을 잘 했으니 앞으로도 잘 조절할 수 있지 않겠냐고 덧붙였다. 결국 아내의 만류로 상엽 씨는 센터에 나오지 못하게 되었고, 얼마 지나지 않아 재발했다. 그리고 아내의 계속되는 만류에도 불구하고 스스로 치료 센터에 분기마다 나오면서 단주를 유지하고 있다. 상엽 씨의 아내는 그제야 알코올 중독 완쾌는 불가능하며 당뇨병처럼 평생 관리해야 하는 병이라는 사실을 알게 되었다. 그리고 자신이 남편의 치료를 오히려 방해한 꼴이 되었다는 것도 깨닫게 되었다.

알코올 중독을 도와줘야 할 병이라고 인식하는 가족이나 보호자는 드물다. 오히려 자신들을 알코올 중독자로부터 학대받는 피해자로 인식하지 알코올 중독자를 도울 수 있는 조력자로는 전혀 생각하지 못한다. 하지만 가족은 알코올 중독자의 삶의 태도를 변화시킬 수 있는 중요한 조력자다. 그러므로 마음만 먹으면 언제든지 끊을 수 있다고 큰소리를 치며 과음과 폭음을 반복하는 중독자의 특성을 명확히 파악해 분명한 대처를 해야 한다.

그 과정에서 지켜야 할 주의 사항이 있다. 우선, 알코올 중독자의 자존심을 상하게 하지 않아야 한다. 알코올 중독자는 이미 자존감이 추락해 다른 사람의 도움을 극도로 기피하는 상태이다. 비정상적인 사고방식을 갖고 있고, 대인 관계를 상생이 아닌 승부의 관계로만 본다. 이기는 사람이 모든 것을 차지한다는 게임의 법칙을 적용하기 때문에 도움을 받으면 게임에서 패배한 것이라 여긴다. 그러므로 알코올 중독자의 부당한 행동을 질환에 의한 증세로 이해하고 진심으로 도와주려는 가족의 배려가 필요하다. 그리고 그런 마음을 중독자에게 솔직하게 전달하는 것이 중요하다. 이때 말뿐이 아닌 태도, 처신과 결단, 행동적 메시지가 함께 수반되어야 한다. 다음으로 주의할 것은, 감정적 고통에 대한 공감이다. 일반적인 경우, 알코올 중독자가 다시 음주를 하게 되는 가장 흔한 이유는 분노이다. 부부관계, 부자관계, 모녀관계 등에 기대가 너무 크면 분노도 커지고 그에 따른 좌절을 경험하게 된다. 때문에 알코올 중독자가 평소에 관계 안에서 어떠한 고통을 느끼고 있는지 공감을 시도하는 가족의 관심이 절실하다.

  상엽 씨 부부의 경우는 알코올 중독 재발의 가장 큰 이유 중 하나가 가족이라는 학설을 뒷받침해 준 사례이다. 하지만 알코올 중독자를 회복시키는 가장 큰 힘은 가족에서 나온다. 가족이 중독자에 대한 안일한 태도를 바꿔야 중독자 역시 다양한 측면에서 변화를 맞이할 수 있다.

10

자신이 알코올 중독자라는 것을 인정하도록 돕는다

"남편이 외출했다 귀가할 시간이 늦어지면 제 심장은 자동으로 두근거리기 시작해요. 이러다 오늘도 그날처럼 되는 건 아닐까? 대체 얼마나 마셨을까? 집으로 오는 중에 또 누군가와 시비가 붙었으면 어쩌지? 하면서 불안에 떱니다."

알코올 중독자 가족에게서 자주 듣게 되는 이야기이다. 이렇듯 가족 중 누군가가 알코올에 중독되면 가족은 당사자보다 훨씬 큰 고통을 감내해야 한다. 그렇기 때문에 중독자가 또 술을 마실까 봐 늘 불안해 통제와 간섭이라는 대책을 마련한다. 하지만 이는 계획대로 되지 않을 때가 많고, 그 좌절감은 가족에게 또 다른 비수로 꽂히게 된다. 중독자가 술에 취해 온 동네가 떠나가도록 소리를 지를 때면 가족의 가슴은 고통스럽다 못해 시커멓게 타들어 간다. 중독자가 다른 사람에게 저지른 실수를 대신 짊어지고 사과하느라 바쁘고, 중독자는 술기운에서 깨어나면 오히려 가족을 탓하며 원망을 퍼붓는다. 이러한 생활이 하루 이틀도 아닌 10년, 30년, 아니 그 이상이 되도록 계속해서 반복된다면 어떻게 제대로 살 수 있을까. 결국 알코올 중독자가 있는 가정의 구성원들은 심각한 우울증이나 무기력증을 앓게 되는 경우가 많다.

알코올 중독자는 더 이상 가족과 사랑을 나눴던 책임 있는 남편도 착한 아들도 사랑스러운 딸도 아니다. 알코올 중독에 걸리면 본래 타고난 본성은 중독에 감춰져 사라지고 자기중심적이고 이기적인 모습만 남게 된다. 그들은 독 안에 갇힌 쥐처럼 모든 일에 부정적이고 예민하며 공격적이 된다. 그래서 조금만 자극을 줘도 마치 미친 쥐가 인간에게 달려들어 물어뜯 듯이 주변 사람을 공격한다. 중독자를 건드리지 않고 잘 달래면 그런 행동을 멈추고 변하지 않을까 하는 생각에 비위를 맞춰 보지만, 중독자는 그렇게 하는 가족을 타깃으로 삼아 원망하고 괴롭힌다. 자신을 건드리지 않으려고 애쓰는 모습을 자신만 왕따 시키고 무시하는 행동이라고 오해하는 것이다.

알코올 중독 증세가 회복되는 과정은 다른 병이 낫는 과정과 대부분 비슷하다. 자신이 알코올 중독에 걸렸다는 걸 인정하고 가장 믿는 대상인 가족에게 도움을 청해 효과적인 치료를 시작하면 되는 것이다. 치료를 받지 않으면 시간이 흐를수록 분노와 피해 의식만 깊어진다.

알코올 중독자와 가족 모두가 건강하게 살아갈 수 있는 길은 단순하고 분명하다. 다시 한번 정리하자면, 알코올 중독자 본인의 자각과 인정을 이끌어 내야 한다. 하지만 가족의 힘만으로 하기보다는 전문가의 도움을 받는 것이 좋다. 그리고 중독자에게 현재의 문제를 부드럽지만 단호하게 경고해야 한다. 치료를 권할 때는 말을 회피하려는 중독자에게 휘둘리지 않아야 하며, 중독자의 도덕적, 성격적 측면은 문제 삼지 않도록 한다. 중독이란 질병은 시간에 비례하여 악화되므로 치료 시기가 너무 늦어지지 않도록 주의하고, 가족의 지나친 희생은 바람직하지 않다. 무엇보다 알코올 중독자 가족 치료 모임에 참여해 피폐해진 자신을 돌아보고 다독이기를 권한다.

11

알코올 중독자와의 공동 의존에서 벗어나야 한다

알코올 중독자 진주원(가명) 씨와 그의 아내가 가톨릭알코올사목센터에 방문했다. 나는 부부에게 센터에서 상담을 받으면서 음주 행동이나 사고에 변화가 있었는지 물어보았다. 그러자 주원 씨의 아내가 대답했다.

"지난번 상담 때 남편이 변하지 않으면 제가 먼저 변하라고 하셨던 말씀이 계속 마음에 남더라고요. 남편 때문에 힘들고 억울할 때가 많았지만 저부터 변해야겠다는 생각이 들었어요. 그래서 저도 남편의 중독 회복을 위해, 그리고 제 변화를 위해 남편과 함께 치료 프로그램에 참석하려고요. 전에 병원이나 지역 보건소 가족 치료 프로그램에 혼자 참여한 적은 있었는데, 뭔가 뭔지 잘 몰라서 그냥 앉아만 있다가 돌아오곤 했거든요. 다른 사람들 말만 듣고 있자니 답답했고 뭔가 더 혼란스러워지더라고요."

나는 주원 씨 부부를 치료하게 되었고, 그 과정에서 주원 씨의 아내가 알코올 중독자인 남편으로 인해 공동 의존 상태가 되어 있다는 것을 알았다. 남편이 술을 마시지 못하도록 일거수일투족을 참견하고 통제하고 감시하면서 자신의 모든 생활과 시간이 알코올 중독이란 문제에 같이 묶여 버린 것이다. 나는 주원 씨의 알코올 중독 회복을 위해 치료를 해 나가면서 동시에 주원 씨 아내가 공동 의존에서 벗어나도록 하는 데 치료의 초점을 맞췄다. 치료가 시작된 지 3개월 후 주원 씨는 성실하게 단주를 실천했고, 그의 아내에게도 많은 변화가 생겼다. 그동안 자신이 남편을 대했던 태도, 생각, 느낌, 언어, 남편의 음주에 대한 대처 방식들이 모두 틀렸다는 것을 알게 되었으며, 이제는 남편의 음주에 대해 더는 집착하지 않고 조정하려 들지 않겠다고 했다. 그리고 남편의 음주에 집착했던 삶에서 벗어나 자유로워지겠다고 했다.

알코올 중독자와 공동 의존에 빠진 가족을 살펴보면, 그들이 알코올 중독자와 밀접한 상호작용을 하면서 삶에 많은 혼란을 겪는다는 것을 알 수 있다. 그러면서 어느새 알코올 중독자와 비슷한 언행, 감정, 사고방식을 지니게 된다. 무엇보다 매 순간 중독자에게 매달리게 되어 자신의 삶을 살지 못한다. 공동 의존에 빠지는 것이 알코올 중독자를 위하는 길이라고 생각할지 모르겠지만, 이는 결과적으로 알코올 중독 증세를 더 심화시킬 뿐이다.

알코올 중독과 같은 특수한 문제에 놓여 있는 경우, 중독자와 가족은 냉정한 사랑을 실천할 필요가 있다. 그것이 궁극적으로는 중독자의 회복을 돕는 길이고, 가족 역시 온전히 살아갈 수 있는 길이다. 중독자와 가족을 서로 현명하게 분리해야 할 것이다.

12

가정 회복을 위한 네 가지 법칙

첫째, 알코올 중독자를 향한 부정적인 시선 거두기

알코올 중독자의 가족은 중독자를 부정적으로 볼 수밖에 없다. 자신의 인생을 파괴한 사람, 도덕적으로 타락한 사람, 없는 편이 나은 성가신 존재라고 생각한다. 한 가정에 알코올 중독자가 있을 경우, 가족의 마음에는 원한, 분노, 초조함만 남고 기쁨과 평화는 사라져 버린다. 때문에 신체적, 정신적 질병마저 얻기도 한다. 반면, 존재 가치를 인정받지 못하는 알코올 중독자 자신은 가족의 요구 사항을 조금도 들어주지 않는다. 그러므로 알코올 중독자의 가족은 중독자를 질병으로 고통받는 환자라고 인식하는 것이 중요하다. 그러다 보면 중독자를 일방적으로 비난하고 공격했던 스스로에게도 문제가 있음을 알게 될 것이다.

박선영(가명) 씨는 20년 이상 알코올 중독자인 남편에게 시달리다 결국 이혼을 결심하고 나를 찾아왔다. 나는 선영 씨에게 남편을 환자로 보기, 자신이 남편의 존재를 부정하고 있다는 사실을 인정하기, 남편과 분리되어 자신의 일을 즐겁게 하기 등 몇 가지 마음가짐을 제안했다. 얼마 후, 선영 씨가 나를 다시 찾아와 이렇게 말했다.

"그동안 남편을 일방적으로 무시하고 제 자신에게도 스스로 상처를 줬음을 알게 되었어요. 그래서 알코올 중독에 관한 책을 읽으면서 우선 제 문제부터 해결하려고 노력했습니다. 지금은 남편에 대한 분노와 원한을 떨쳐 냈습니다. 남편은 알코올 중독 치료를 위해 병원에 입원 중이에요. 지금 저는 하느님이 주신 모든 것에 감사하고 있고, 남편의 치유를 위해 열심히 기도하고 있습니다."

선영 씨의 이야기를 들으며 상대의 태도를 살피기 이전에 자신이 상대를 진심으로 받아들이고 있는지, 자신의 태도에는 문제가 없었는지 돌아보는 것이 얼마나 중요한지를 다시금 확인할 수 있었다.

둘째, 불신 극복하기

알코올 중독자의 단주를 수없이 기대했지만 배신당해 온 가족은 중독자에 대한 희망이나 신뢰를 가질 수 없다. 때문에 중독자가 병원에서 치료를 받은 후 이제부터는 단주를 계속하겠다는 결심을 하며 퇴원해 집에 돌아오더라도 가족의 차디찬 시선과 불신만을 받는 경우도 있다. 그럴 때 중독자는 자신을 이해하거나 신뢰하지 않는 가족에 대한 분노를 느끼고 그로 인해 알코올 중독이 재발하기도 한다.

중독자에 대한 불신을 없애려면 중독자가 알코올 중독이란 병과 싸우고 있는 사람이라는 점을 감안하여 어깨를 나란히 하고 회복의 길을 걷도록 도와주는 것이 중요하다. 이제 처음 단주를 결심하고 조금씩 실천하려는 사람에게 '확실한 성공의 증거'를 보이라고 하는 것은 너무나 성급한 요구이다. 중독자가 재발로 인해 또다시 음주를 하게 되더라도 누구보다 가장 실망할 사람은 당사자임을 잘 이해하고 다시 한번 단주를 시도할 수 있도록 적극적으로 권유하는 게 중요하다. 그리고 중독 치료에만 열중하기보다는 가족의 문제를 정리하고 개선하는 데 집중하는 것이 바람직하다.

셋째, 상대의 영역을 간섭하지 않기

알코올 중독자와 가족의 관계는 아이와 부모 관계와 매우 흡사하다. 아이는 부모가 잠시라도 한눈을 팔면 어떤 사고를 일으킬지 모른다. 알코올 중독자 가족도 중독자가 자신의 통제 범위 안에 들어와 있지 않으면 몹시 불안해 참을 수 없게 된다. 그래서 상대가 하는 모든 일을 간섭하고 감시하는 것이다. 중독자 가족의 지나친 간섭은 자신의 불안을 해소하고 싶은 마음에서 비롯된 것이므로 좋은 결과로 이어질 수 없다. 중독자는 자신을 전혀 신뢰하지 않고 일일이 간섭하는 가족을 원망하면서 화를 삭이기 위해 음주를 하게 된다. 그런 중독자에게 가족은 또다시 술을 마시지 못하도록 더욱 강하게 감시하는 악순환이 반복된다. 중독자를 향한 가족의 불신이 음주의 원인이 되는 것이다.

사람 심리가 다른 사람에게 간섭을 받으면 하려던 것도

하기 싫어진다. 그리고 모든 걸 쏟아 깊게 관여하면 할수록 자립심을 잃고 의존적이 되어 회복이 더 어려워진다. 중독자의 출근과 귀가 문제, 분노 등의 감정 해소, 건강, 취침과 기상 시간, 음주, 단주 모임 참석 등은 가족이 간섭하지 않는 편이 좋다. 간섭하지 않는다는 것은, 그 일을 당신에게 맡겨도 충분하다는 무언의 신뢰를 나타내는 것이다. 자신에게 이익이 되기 때문에, 혹은 내 마음 편하기 위해 상대를 움직이려 드는 것은 알코올 중독자의 반감만 키울 뿐이다.

넷째, 희망 갖기

가정에서의 역할이 없어지고 술 마시는 일밖에 할 수 없게 된 알코올 중독자를 '쓰레기 같은 인간'이라고 부르는 가족도 있을 수 있다. 가족에게 쓰레기 취급을 받는 알코올 중독자는 술에 취해 있지 않을 때는 집에 있기가 불편하다. 자신도 가정 안에서 자기만의 역할을 하면서 가족에게 인정받고 싶을 것이다. 어렵겠지만 중독자가 자신의 자리를 찾고 인정받고 있다는 느낌도 받을 수 있도록 배려하는 게 중요하다. 아무것도 할 수 없을 것 같았던 중독자도 치료를 잘 받아 단주에 성공하면 이전의 능력을 회복할 수 있다. 그러므로 가족도 중독자의 회복 단계에 따라 중독자에 대한 인식과 태도를 바꿔야 한다. 알코올 중독이라는 병 때문에 잃어버렸던 중독자 본인의 역할을 다시 되돌려 주어야 한다. 실제로 어떤 사람은 형광등을 갈아 끼우는 일이나 집안 청소를 부탁받았을 때마저 기뻤다고 한다. 또 초등학교에 다니는 자녀들이 숙제를 도와달라고 했을 때 아버지로서의 역할을 새삼 깨달았다고 한다. 알코올 중독자도 가족의 일원이라는 소속감을 갖게 되었을 것이고, 자신의 존재 가치와 역할을 인정받았다는 느낌을 가졌을 것이다. 만약 저 사람은 곧 다시 술을 마실 것이라고 전전긍긍하며 간섭하거나 믿어 주지 못하면 재발할 수도 있다. 알코올 중독자이지만 가족에겐 소중한 사람이라는 믿음과 희망을 갖고 중독자와 가족이 함께 노력해야 한다. 사람은 기대에 부응하는 존재이기 때문이다. 가족이 알코올 중독자에 대한 신뢰와 사랑을 저버리지 않는 한 중독자는 반드시 회복하여 건강한 삶을 살아갈 수 있다.

4

진정한 회복을 향한 여정

1

나를 똑바로 바라보기

알코올 중독 치료에서 가장 어려운 문제는 중독자가 다시 술을 마시게 되는 것이다. 몇 번의 실패를 겪고도 단주할 생각을 하지 않는 중독자들이 많은데, 이런 경우 술을 다시 마시게 되는 실패를 오답 노트처럼 유용하게 활용해야 한다. 술을 마실 때 드러나는 자신의 문제점을 파악해 고쳐 나가도록 하는 것이다. 다음 항목들을 스스로 점검해 보자.

1) 알코올을 스스로 조절할 수 없음을 인정하는가?

과음하지 않고 적당히 마시면 된다고 생각하고 있다면, 몇 번이고 실패는 되풀이될 것이다. 알코올 중독이란 것이 어떤 병인지 정확히 인지하고, 나 자신이 알코올 중독자라는 것을 인정하는 것이 중요하다.

2) 혼자 힘으로 단주를 할 수 있다고 생각하는가?

A.A.나 단주 모임에 참석하지 않고 단주를 계속한다는 것은 불가능하다. 혼자만의 힘으로 노력해 잠시 동안은 술을 끊을 수 있지만, 장기간 단주는 할 수 없다. A.A. 또는 단주 모임이 활발하게 이루어지는 이유가 여기에 있다.

3) 술친구 관계는 정리했는가?

술친구와의 관계를 끊지 못하면 단주는 불가능하다. 술을 좋아하는 친구, 친척, 직장 동료가 술을 권하면 거절하기가 힘들다. 나는 이제부터 절대로 술을 마시지 않는다는 것을 모두에게 알리고 인정받아야 한다. 그렇게 하기 위해서는 술친구와는 어울리지 않도록 하고, 단주 의지를 주위 사람들에게 확실히 알려야 한다.

4) 가족도 치료를 받고 있는가?

알코올 중독은 가족 전체가 함께 겪는 병이다. 가족에게도 여러 가지 문제가 있을 수 있고, 그 문제가 해결되지 않으면 중독자의 단주도 어렵다. 설사 단주에 성공한다고 해도 가족의 평화는 되찾지 못하게 된다. 중독자의 가족도 알코올 전문 병원 안의 가족 교실이나 중독자 가족 모임 등에 참석하는 것이 중요하다.

5) 혼란스러운 감정을 술로 해결하는가?

화가 나거나 초조하고 짜증나는 감정을 술로 해소하는 것은 중독을 악화시킨다. 불쾌한 감정을 알코올이 아닌 다른 것을 통해 해소하도록 한다.

6) 이미 치료되었다고 생각하고 있지는 않는가?

1년 이상 단주한 사람들은 자신이 이미 치료되었다고 생각하는 경우가 많다. 오랜 기간 단주했으니까 절제할 수 있는 체질로 바뀌었을 거라는 착각을 하며 술을 조금씩 다시 마시기 시작한다. 애쓴 보람도 없이 예전과 동일한 상태로 되돌아가고 마는 것이다. 20년 이상 단주한 후에도 단 한 잔의 술로 자신도 모르게 치료 이전의 상태로 돌아간 사람도 있다.

7) 모든 것을 알고 있어도 실패할 수 있다

머리로는 술을 마시면 안 된다는 것을 알면서도 실제로 단주를 실천하는 것은 어려운 일이다. 회복 도중 마음이 해이해져 몇 번이나 다시 술을 마시는 경우가 많다. 이런 경우, 술을 마신 것을 후회만 하지 말고 다시 단주를 시작하면 된다. 한번 결심했으니 실패와 재발에 좌절하지 말고 용기를 내어 다시 단주에 도전하면 된다.

2

지속적인 단주 생활을 위한 모임

　알코올 중독은 타인에게 이해받지 못한다는 극심한 외로움을 극복해야 하는 병이다. 좋아하는 술을 마음껏 마실 수도 없고, 문제를 극복하려고 진지하게 노력해도 마음대로 되지 않는 힘든 상황을 어느 누구에게도 이해받을 수 없다. 주위에선 부도덕한 술주정뱅이라고 낙인을 찍어 버리고, 비난과 증오를 담아 감시한다. 이러한 상황을 술에 취하지 않은 채 견딘다는 것은 상당히 고통스러운 일이다. 그러다 보면 술 없이는 아무것도 할 수 없다고 생각하게 되어 다시 술을 마시게 되고, 또다시 음주로 인한 문제를 일으켜 악순환을 되풀이하게 된다.

　단주 모임이나 A.A.에 참석하면 이러한 고독감과 악순환의 고통에 공감하는 사람들과 도움을 주고받을 수 있다. 모임에 참석하는 사람들은 나의 이야기를 거짓말이라고 비난하지 않고 진심으로 들어 준다. 설교하려 들지 않고 열등감을 자극하지도 않을 것이다. 모두가 비슷한 경험을 공유하고 있기 때문이다. 단주 모임이나 A.A. 참석자들은 주위 시선을 신경 쓰지 않는 편안한 얼굴을 하고 있다. 그렇게 공감과 이해 속에서 그들은 술로 시름을 달랠 필요를 못 느끼게 된다. 다른 사람의 체험담을 들으며 나를 돌아보게 되고, 자신의 음주로 인해 주위 사람들이 얼마나 많은 고통을 받았는지도 이해하게 된다. 그러면서 가족이나 주위 사람에 대한 원망이나 분노도 사라지게 된다. 무엇보다 다른 중독자들의 이야기를 들으며 '저 사람도 했으니까 나도 할 수 있겠지'라는 희망을 갖게 된다. 희망은 적극적인 노력을 위한 원동력이 된다. 진실한 동료들과의 대화를 통해 마음의 평안을 찾고, 회복의 희망을 키우는 것이다.

3

알코올 중독에서 벗어나기 위한 도구

다음의 56가지 회복 도구들은 많은 알코올 중독 회복자와 가족, 주위 사람들이 회복 유지를 위해서 사용했던 방법들이다.

1. 자신의 무기력함을 받아들인다.
2. 격한 감정을 진정시킨다.
3. 강박 관념을 없애 달라고 하느님께 간청한다.
4. 나에게 도움을 줄 수 있는 사람을 찾는다.
5. 한 사람에게만 의존하지 않는다.
6. 고독한 상황을 피한다.
7. 회복 첫 해에는 너무 큰 변화를 자제한다.

8. 처음부터 술을 피한다.

9. 자신을 긍정적으로 생각한다.

10. 중독증은 교활하고, 황당하고, 강력하고, 끈질기다는 것을 명심한다.

11. 일상생활을 변화시킨다.

12. 친구들을 바꾼다.

13. 가정을 선택한다.

14. 재발한 사람들을 혼내지 않는다. 재발은 회복의 끝이 아니며 오히려 새로운 학습 계기로 만들 수 있는 기회임을 강조해 재발한 사람이 다시 '회복 궤도'로 돌아가도록 도와준다.

15. 자신의 상황을 지나치게 심각하게 받아들이지 않는다.

16. 할 수 있는 한 최선을 다하고 회복 결과에 너무 집착하지 않는다.

17. 건강 음식을 섭취한다.

18. 감탄스러운 회복자들을 본받는다.

19. 자신을 먼저 돌본다.

20. 충분한 휴식을 취하고 규칙적인 운동을 한다.

21. 회복을 위한 모든 수단을 동원한다.

22. 회복 모임에 참석한다.

23. 회복한 사람들과 함께 어울린다.

24. 감사하는 태도를 계속 유지한다.

25. 감정 변화를 일으키는 행위나 약품을 피한다.

26. 중요한 일은 먼저 처리한다.

27. 자신은 완전한 치료가 어려우며, 진행적이고 치명적인 질병에 결려 있다는 것을 인정하고 받아들인다.

28. 분노를 자제한다.

29. 중독자에게 문제를 이야기할 때, 가능한 한 섣부른 판단이나 성가신 잔소리 방식은 피하도록 한다.

30. 집착하지 말고 모든 것을 하느님께 맡긴다.

31. 다른 사람들에게 나의 실제 모습을 알린다.

32. 명상으로 하느님 말씀을 경청한다.

33. 다른 사람의 말에 귀를 기울인다.

34. 오늘 하루를 잘 산다.

35. 정직성을 엄격히 실행한다.

36. 회복 프로그램을 매일 실천한다.

37. 회복 프로그램 책자들을 읽는다.

38. 타인이 아닌 나 자신의 회복을 위해 노력한다.

39. 회복 의지를 갖는다.

40. 나를 위한 회복 프로그램임을 잊지 않는다.

41. 쉽게 해야 회복이 잘된다는 것을 잊지 않는다.

42. 반드시 회복될 수 있다는 것을 믿는다.

43. 마지막 음주로 인한 쓰라린 경험을 기억한다.

44. 활동적인 사람이 된다.

45. 술을 마실 상황을 피한다.

46. 균형을 유지하도록 노력한다.

47. 스스로를 다시 되돌아본다.

48. 울분을 쌓아 두지 말고 표출한다.

49. 기도를 통해서 하느님과 대화한다.

50. 새날인 오늘을 주신 하느님께 감사드린다.

51. 나의 의지와 삶을 하느님께 의탁한다.

52. 술을 마시기 전에, 마시고 싶은 심정을 가까운 사람에게 전화로 먼저 알린다.

53. 회복에는 완전함이란 없고 다만 진전만이 있다는 것을

명심한다.

54. 침체기에는 감사 목록을 작성한다.

55. 중독자가 회복을 위한 도움을 받을 준비가 됐을 때, 가족은 이미 도움을 줄 준비가 되어 있어야 한다.

56. 회복 과정을 다른 사람들과 함께한다.

4

졸업 없는 단주 생활 건강하게 유지하기

단주는 어느 정도 유지했다고 해서 그만할 수 있는 것이 아니다. 술을 끊었다면 다시는 술을 입에 대지 않아야 한다. 단주를 위한 다음의 실천 지침들을 따른다면, 조금 더 효과적이고 건강한 단주 생활을 유지할 수 있을 것이다.

1. 단주 모임에 참석한다.
2. 오늘 하루라도 단주를 한다. 그렇게 하루하루가 쌓이는 것이다.
3. 단주 모임에는 부부가 같이 참석한다.
4. 단주 모임에서는 단주 이야기만 한다.
5. 항상 단주를 최우선으로 생각한다.

6. 단주 모임에서 종교나 정치 이야기는 하지 않는다.

7. 알코올 중독 최대의 적은 술이 아닌 자기 자신이다.

8. 자만심은 실패의 근원이다.

9. 알코올 중독은 가족 병이다.

10. 단주 모임은 알코올 피해자를 위한 모임이다.

11. 절주는 할 수 없지만 단주는 할 수 있다.

12. 술의 유혹을 예방하기 위해 자신의 알코올 장애를 항상 인식한다.

13. 동료의 체험을 잘 듣고 자신의 단주 과정을 돌아본다.

14. 딱 한 잔이 문제다. 아예 술잔을 입에 대지 않는다.

15. 엄격함이 없는 곳에는 단주도 없다.

16. 다른 사람의 압력에 의해서가 아니라 내 의지로 단주를 실천한다.

17. 실패에 비관하지 말고 오늘 하루의 단주를 목표로 삼아 성공의 즐거움을 맛본다.

18. 초심자는 술자리를 피한다.

19. 단주 모임에서 서로의 실패담을 들으며 속마음을 털어놓을 수 있도록 노력한다.

20. 술의 노예가 되지 않는다.
21. 어떠한 일이 있어도 모임에서 이탈하지 않는다.
22. 조건을 붙여서 단주하지 않는다.
23. 단주 외에는 살아갈 길이 없다고 생각한다.
24. 솔직하게 말하는 것이 최고의 치료다.
25. 재발 위험이 있는 장소에는 가지 않는다.
26. 공복 시에는 음주 욕구가 강해지므로 배고픈 상태로 있지 않는다.
27. 분노는 음주를 부르므로 화를 내지 않도록 마음을 다스린다.
28. 피로는 음주를 생각나게 하기 때문에 과로하지 않도록 한다.
29. 단주 초기에는 단주를 실천하기 위해 많은 에너지가 필요하다. 이러한 시기에 직장 생활까지 대처해 나가는 것은 어려운 일이다. 섣부른 구직은 지양한다.
30. 항주제˙를 복용하고 정기적인 통원 치료를 받는다.

---

* anti liquor drug, 알코올의 내성을 떨어지게 하는 약제

5

A.A.의 12단계

1단계: 우리는 알코올에 무력했으며, 스스로 생활을 이어 나갈 수 없게 되었음을 깨닫고 시인했습니다.

2단계: 우리보다 위대하신 하느님께서 우리를 본래의 건강한 상태로 되돌려 주실 것을 믿게 되었습니다.

3단계: 우리가 이해한 대로, 하느님의 보살피심에 우리 의지와 생명을 완전히 맡기기로 결정했습니다.

4단계: 두려움 없이 철저하게 우리의 생활을 도덕적으로 검토했습니다.

5단계: 우리가 잘못한 점을 하느님과 우리 자신과 또 다른 사람들에게 솔직하고 정확하게 시인했습니다.

6단계: 하느님께서 우리의 모든 성격적 결함을 없애 주시도록 완전한 준비가 되었습니다.

7단계: 하느님께 우리의 결함을 없애 달라고 겸손한 마음으로 간청했습니다.

8단계: 우리가 해를 끼친 사람들의 명단을 만들어 그들에게 기꺼이 보상하기로 했습니다.

9단계: 어느 누구에게도 해가 되지 않는 범위에서, 할 수 있는 데까지 그들에게 직접 보상했습니다.

10단계: 끊임없이 자신을 반성하여 잘못이 있을 때마다 즉시 시인했습니다.

11단계: 기도와 명상을 통해서 이해하게 된 하느님과 의식적으로 접촉하려고 노력했습니다. 그리고 우리를 위한 하느님의 뜻을 알게 해 달라고, 그것을 이행할 수 있는 힘을 달라고 간청했습니다.

12단계: 이렇게 생활한 결과, 우리는 영적 깨달음을 얻었습니다. 이를 다른 알코올 중독자들에게 전하려고 노력하였으며, 일상의 모든 면에서 이러한 원칙을 실천하려고 했습니다.

6

A.A.의 12단계 기도문

모임 시작 기도문

전능하시고 영원하신 주님, 저희들의 하느님!
이 회복 모임에 참석한 저희 모두에게
주님의 은총을 내려 주시고
회복하려는 마음과 목적을 축복하소서.
주님의 뜻대로 저희 모두가 겸손된 마음으로
이 프로그램을 따를 수 있도록
인내와 능력을 허락하소서.
어제 있었던 저희들의 잘못된 행위들을 용서하시고
오늘 새로운 삶을 살기 위해 노력하는 저희들에게

용기를 허락하시어

저희 모두가 밝은 내일에 희망을 갖게 하소서.

모임 마침 기도문

전능하신 하느님!
저희 모두에게
변화시킬 수 없는 것은 겸허하게 받아들일 수 있도록
평온함을 허락하시고
변화시킬 수 있는 것은 과감하게 변화시킬 수 있도록
용기를 주소서.
아울러 이를 올바로 식별하는 지혜를 주소서.

1단계 기도문

전능하신 하느님!
오늘 저희는 알코올 중독에서 벗어나기 위하여
주님의 도우심을 간절히 청합니다.
지난날 알코올 중독에 대한 저희들의 부정은
많은 기간 동안 저희가 얼마나 무기력했는지를
또한 얼마나 일상생활을 정상적으로 하지 못했는지를
알지 못하게 만들었습니다.
저희가 불치의 병을 앓고 있다는 사실을 인정하고
단주만이 알코올 중독에 대처하는 유일한 방법임을
깨닫고 기억하게 하소서.

2단계 기도문

좋으신 하느님!
주님의 창조물인 저희 인간의 능력보다
모든 만물을 창조하신
주님의 위대한 능력을 믿을 수 있도록
저희의 마음을 활짝 열어 주소서.
저희 모두는 마음이 겸손해지고
주님을 향한 믿음이 더욱 성장되기를
간절히 기도드립니다.
이제 더 이상 술로 인해 미치광이가 되고 싶지 않은
저희들의 마음을 기억해 주소서.

3단계 기도문

전능하신 하느님!
창조하신 본래 모습대로 저희들을 회복시켜 주시고
저희에게 역사하시도록
저희 자신과 모든 것을 주님께 봉헌합니다.
저희가 주님의 뜻을 잘 이행할 수 있도록
저희를 알코올 중독에서 해방시켜 주소서.
저희의 도움을 필요로 하는 사람들에게
주님의 권능과 사랑을 증거하며
충실히 단주 생활을 할 수 있도록 굳센 의지를 주시어
주님의 뜻에 합당한 생활을 할 수 있게 도와주소서.

4단계 기도문

전능하신 하느님!
지난날 저희들을 알코올 중독자로 만들어
삶을 엉망진창으로 망가뜨린 사람은
다른 사람이 아니라
바로 저희 자신이었음을 깨닫게 하소서.
저희 스스로의 능력만으로는
알코올 중독에서 회복될 수 없다는 사실을
인정하게 하소서.
알코올 중독으로 인한 과오는
저희들의 잘못이므로
잘못된 점과 좋은 점들을
철저히 숨김없이 기록하게 해 주시고
두려움 없이 자신을 도덕적으로 성찰하게 하소서.

5단계 기도문

좋으신 하느님 아버지!
저희는 도덕적인 성찰을 통하여
이제 저희가 어떤 사람들인지를 깨달았습니다.
저희의 진정한 성찰 없이는
알코올 중독 회복이 불가능하오니
알코올 중독으로 인한 모든 잘못을
하느님과 제 자신과 또 이웃 앞에서
솔직하고 정직하게 인정할 수 있도록
저희에게 힘과 용기를 주소서.

6단계 기도문

전능하신 하느님!
저희는 이제야 저희의 성격에서 비롯된 약점들이
알코올 중독에서 벗어나는 데
장애물이 되고 있음을 깨달았습니다.
이러한 장애물을 제거하기 위해
주님의 도움을 청할 준비를 갖추게 하시고
저희 스스로 계속 정직해질 수 있도록 도와주시어
저희가 영적으로 건강해지도록 이끌어 주소서.

7단계 기도문

모든 만물을 창조하신 하느님 아버지!
주님께서는 저희들의 좋고 나쁜 모든 것을
다 알고 계십니다.
주님과 세상 사람들에게 피해를 주었던
저희의 성격적 결함들을
주님께서 없애 주시기를 간절히 기도드립니다.
이제부터는 주님의 뜻대로 올바로 살아갈 수 있도록
저희에게 은총을 내려 주소서.

8단계 기도문

전능하신 하느님!
저희가 알코올 중독으로 인해 상처를 주었던
모든 사람들의 명단을 작성할 수 있도록 도와주소서.
저희가 지난날 잘못한 모든 행위를
보상하도록 굳센 의지와 마음을 갖게 하소서.
주님께서 저희의 잘못을 용서해 주셨던 것처럼
이웃들도 저희를 용서할 수 있도록
자비를 허락하소서.

9단계 기도문

좋으신 하느님!
알코올 중독 회복 여정에서
저희가 술을 마심으로써
다른 사람들에게 상처를 주지 않도록 도와주소서.
지난날 알코올 중독으로 인해 피해를 주었던
모든 사람들에게
직접적, 간접적으로
보상할 수 있는 기회를 주소서.
주님, 저희가 더 이상 술을 마시지 않고
맑은 정신으로 다른 사람들을 도우며
영적으로 계속 성장해
잘못에 대한 보상을 철저히 할 수 있도록 도와주소서.

10단계 기도문

전능하신 하느님!
저희가 지속적으로 회복의 삶을 살게 하여 주시고
매 순간 잘못이 있을 때마다 자신을 반성하며
잘못된 행동에 책임을 지게 하소서.
부정적이고 파괴적인 행동을 인지하고
저희의 그릇된 성격을 계속 성찰하며
항상 하느님의 도우심과 자비를 잊지 않게 하소서.
저희가 몸과 마음을 다해서
하느님과 이웃을 사랑하게 하소서.

11단계 기도문

전능하신 하느님!
저희가 아집과 이기심, 사악한 생각에서
자유로워지도록 도와주소서.
특히 복잡한 세상에서 주님을 찾으며
기도와 명상을 통해
주님과 지속적인 관계를 갖게 해 주시고
언제나 주님의 뜻을 깨닫고
올바른 정신과 적극적인 행동을
실천할 수 있는 힘을 허락하소서.

12단계 기도문

좋으신 하느님!
저희가 계속해서 영적 깨달음을 얻어
저희가 받은 모든 은혜를
알코올 중독으로 고통받는 중독자들과 그 가족들에게
전할 수 있는 능력을 주시고
기쁘게 봉사하게 하소서.
저희가 매 순간마다
주님과 알코올 중독에서 벗어난 동료들을 필요로 하며
매일의 생활에서 단주 생활을 지속할 수 있도록
지혜와 힘을 주소서.

7

재발을 경고하는 26가지 증상

1. 좋아졌다고 과시한다.
2. 알코올 중독을 부정한다.
3. 완전히 끊었다고 호언장담한다.
4. 방어적인 행동을 한다.
5. 충동적인 행동을 한다.
6. 고독한 경향을 보이며 망상에 빠진다.
7. 우울 증상이 나타난다.
8. 막연한 행복을 소망한다.
9. 공상과 망상을 한다.
10. 아무것도 해결될 수 없다는 부정적인 감정에 빠진다.
11. 짜증과 화를 쉽게 낸다.

12. 식습관과 수면 습관이 불규칙하다.

13. 모든 것에 무관심하다.

14. 점진적이고 건설적인 일상생활을 상실한다.

15. 회복 모임에 정기적으로 참석하지 않는다.

16. 방관적인 태도를 보인다.

17. 회복을 위한 다른 사람의 도움을 거절한다.

18. 삶에 대한 불만족과 자기 연민이 깊다.

19. 무기력에 빠진다.

20. 사교적인 음주에 대한 미련이 있다.

21. 의도적인 거짓말을 한다.

22. 이유 없이 분개한다.

23. 자신감을 완전히 상실한다.

24. 모든 회복 치료를 중단한다.

25. 통제력을 상실한다.

26. 스스로 절제할 수 있다고 생각하며 도박, 음주, 사이버 섹스, 마약을 시작한다.

부록

1

알코올 중독 자기 진단 검사

알코올 중독증은 육체적, 정신적, 심리적 의존에서 발전하기 때문에 고혈압이나 당뇨병처럼 의학적 수치로 판별할 수 없다. 그러나 다음의 여러 진단 검사를 통해 자신이 알코올 중독자인지를 판단해 볼 수 있다.

* DSM-IV(미국정신의학회 진단 및 통계 편람) **알코올 중독 진단 검사**

12개월 안에 다음 중 3가지 이상의 증상이 나타나면, 음주 장애 단계라고 판단할 수 있다.

① 술에 대한 내성이 생긴다. 즉, 마시던 양으로는 원하는 효과를 얻을 수 없어 더 많은 양의 술을 마시게 된다.

② 술을 먹지 않으면 금단 증상이 생겨 그것을 완화하기 위해 다시 술을 찾게 된다.

③ 마시려고 생각했던 양보다 더 많은 양의 술을 마시게 되거나 장기간 마시게 된다.

④ 술을 끊거나 조절하기 위해 지속적으로 노력하지만 성공하지 못한다.

⑤ 술을 구하거나 마시는 데 지나치게 많은 시간을 소모한다.

⑥ 술 때문에 중요한 사회적, 직업적 및 여가 활동 등이 감소하거나 이런 활동들을 포기하게 된다.

⑦ 술 때문에 신체적, 심리적 문제가 악화되는데도 술을 계속 마신다.

* A.A. 알코올 중독 진단 검사

아래의 질문 항목 중, 한 가지만 해당해도 '알코올 중독 위험'이 있고, 두 가지에 해당하면 '알코올 중독 가능성'이 있다. 만약 세 가지 이상 해당한다면 '알코올 중독자가 확실하다'고 할 수 있다. 이런 경우, '알코올 중독자 회복 모임'이나 알코올 중독 치료기관을 찾아가 정확한 진단과 치료를 받아야 한다.

❶ 술을 마시느라 일을 못한 적이 있는가?
❷ 음주가 가정생활을 불행하게 만드는가?
❸ 내성적인 성격 때문에 술을 마시는가?
❹ 음주로 사회적 평판이 나빠졌는가?
❺ 음주 후에 후회한 적이 있는가?
❻ 음주 결과로 경제적 어려움을 겪었는가?
❼ 술을 마실 때 주위 사람들이 자리를 피하거나 분위기가 나빠지는가?
❽ 음주로 인해 가정을 돌보지 못하는가?
❾ 음주한 후부터 삶의 의욕이 줄어들었는가?
❿ 매일 일정한 시간에 술을 마시고 싶은가?

⑪ 술을 마신 다음 날 아침에도 술을 마시고 싶은가?

⑫ 음주가 수면을 어렵게 만드는가?

⑬ 음주를 하고 나서부터 일의 능률이 떨어졌는가?

⑭ 음주가 직업적, 사업적 상황을 위태롭게 하는가?

⑮ 걱정이나 문제를 회피하려고 술을 마시는가?

⑯ 혼자서 술을 마시는가?

⑰ 음주 후의 기억을 완전히 상실한 적이 있는가?

⑱ 술 때문에 의사로부터 치료를 받은 적이 있는가?

⑲ 자신감을 갖기 위해 술을 마시는가?

⑳ 음주 때문에 병원이나 치료 기관에 다닌 적이 있는가?

* WHO 알코올 중독 진단 검사

아래 항목 중, 한 가지에 해당하는 경우 알코올 중독 초기, 두 가지에 해당하면 알코올 중독 중기, 세 가지 이상 해당하면 알코올 중독 말기이다. 알코올 중독 말기인 경우, 반드시 전문가와 상담하고 치료를 받아야 한다.

❶ 스스로 술을 끊어야겠다고 생각한 적이 있는가?
❷ 음주에 대한 비난 때문에 괴로운 적이 있는가?
❸ 음주에 대하여 죄의식을 느껴 본 적이 있는가?
❹ 해장술을 먹어 본 적이 있는가?

* 미국 전국 알코올 중독자 협회 알코올 중독 진단 검사

'예'	
1~4개	알코올 중독 초기
5~13개	알코올 중독 중기
14개 이상	알코올 중독 말기

❶ 어떤 일에 실망했거나 논쟁을 벌였을 때, 상사에게 심한 말을 들었을 때 과음을 하는가? (예/아니오)

❷ 곤경에 처하거나 억압을 받을 때 늘 과음을 하는가? (예/아니오)

❸ 술을 시작했을 때보다 지금 더 많은 양의 술을 마신다는 것을 스스로 알고 있는가? (예/아니오)

❹ 아침에 깨어나 어제 저녁의 일들을 부분적으로 기억하지 못하는가? 그럼에도 불구하고 친구들은 당신의 의식 상태에는 아무런 문제가 없어 보였다고 말하는가? (예/아니오)

❺ 다른 사람과 함께 술을 마실 때 상대방 모르게 몇 잔이라도 더 마시려고 시도하는가? (예/아니오)

❻ 술을 마시지 않으면 몸이 아프거나 힘들다고 느껴 본 적이 있는가? (예/아니오)

❼ 최근 들어 첫 술잔을 빨리 비우고 싶은 생각이 다른 때보다 더

강하게 일어나는가? (예/아니오)

❽ 당신의 술버릇에 대해 죄책감을 느낄 때가 있는가? (예/아니오)

❾ 가족이나 친구가 당신의 음주에 대해 말을 하면 마음속으로 은밀히 자극을 받는가? (예/아니오)

❿ 최근 들어 지난 일을 기억해 내지 못할 때가 자주 있는가? (예/아니오)

⓫ 친구들과 함께 술을 마실 때 친구들은 이만하면 됐으니 일어나자고 하나 당신은 더 마셔야 한다고 고집하는가? (예/아니오)

⓬ 과음을 하게 되면 과음해야 했던 이유를 구구절절이 변명하려고 애를 쓰는가? (예/아니오)

⓭ 술에 취하지 않은 맑은 정신 상태에서 자신의 과음을 후회한 적이 있는가? (예/아니오)

⓮ 정상적인 음주자라는 것을 보여 주기 위해서 술을 조절하려고 노력해 본 적이 있는가? (예/아니오)

⓯ 음주벽을 고쳐 보려고 결심하고 애를 써 봤지만 번번이 실패한 적이 있는가? (예/아니오)

⓰ 음주벽을 고쳐 보려고 주거지나 직장을 옮기려고 시도해 본 일이 있는가? (예/아니오)

⑰ 술을 마실 때 가족이나 친구의 눈을 피해 혼자 마시길 원하는가?
(예/아니오)

⑱ 음주로 인해 금전적, 직업적 어려움을 겪어 보았는가? (예/아니오)

⑲ 모든 사람이 당신을 별 이유 없이 불공평하게 대한다고 느끼는가? (예/아니오)

⑳ 술을 마실 때 식사엔 별 관심이 없고 술만 마시고 싶은가?
(예/아니오)

㉑ 아침에 일어날 때 손이 부들부들 떨리는가? 그럴 때 술 한 잔을 마시면 손 떨리는 증상이 멈추는가? (예/아니오)

㉒ 최근에 전보다 음주량은 감소되었으나 술을 마시고 싶은 마음은 전과 다름없는가? (예/아니오)

㉓ 한번 술을 마시기 시작하면 멈추지 못해 며칠씩 취한 상태로 있어 본 일이 있는가? (예/아니오)

㉔ 때로 의기소침한 상태에 빠져 삶이 무가치하게 느껴지는가?
(예/아니오)

㉕ 취기가 사라지려 할 때, 환시나 환청을 경험한 적이 있는가?
(예/아니오)

㉖ 과음 후 마음의 공포를 느낀 적이 있는가? (예/아니오)

* 미국 존스홉킨스대학교 정신병원 알코올 중독 진단 검사

아래의 질문 항목 중, 한 가지라도 '예'에 해당하는 경우, 알코올 중독일 수 있다고 간주한다.

❶ 근무 시간에 술을 마신 경험이 있는가? (예/아니오)
❷ 술로 인해 가정생활이 불행해졌는가? (예/아니오)
❸ 대인 관계에 있어서 수줍은 성격을 감추기 위해 술을 마시는가? (예/아니오)
❹ 술로 인해서 명예에 손상을 입었는가? (예/아니오)
❺ 음주 후 후회한 적이 있는가? (예/아니오)
❻ 음주로 경제적인 곤란을 겪었는가? (예/아니오)
❼ 자기보다 못한 환경의 사람들을 찾아 같이 술을 마시면서 우월감을 느끼는가? (예/아니오)
❽ 술 때문에 가정생활을 소홀히 하는가? (예/아니오)
❾ 음주를 시작한 후 의욕이 줄었는가? (예/아니오)
❿ 매일 특정한 시간에 한잔 생각이 간절한가? (예/아니오)
⓫ 해장술을 꼭 해야 하는가? (예/아니오)
⓬ 술 때문에 잠을 잘 못 자는가? (예/아니오)

⑬ 술 때문에 능률이 떨어졌는가? **(예/아니오)**

⑭ 술 때문에 직장 생활이나 사업에 지장이 있는가? **(예/아니오)**

⑮ 걱정거리나 문제를 잊기 위해 술을 마시는가? **(예/아니오)**

⑯ 혼자서 술을 마시는가? **(예/아니오)**

⑰ 음주로 인해 기억을 잃은 적이 있는가? **(예/아니오)**

⑱ 술 때문에 병원 치료를 받은 적이 있는가? **(예/아니오)**

⑲ 자신감을 갖기 위해 한잔하는가? **(예/아니오)**

⑳ 술 때문에 병원이나 요양원에 입원한 적이 있는가? **(예/아니오)**

* A.A. 월드 서비스(A.A. World Services) 알코올 중독 진단 검사

'예'	
1~2개	알코올 중독 초기
3~5개	알코올 중독 중기
6개 이상	알코올 중독 말기

❶ 한 주(혹은 그 이상) 동안 술을 끊으려고 애써 본 일이 있는가? 그리고 그 목표를 달성하지 못했는가? (예/아니오)

❷ 단주를 권하려고 애쓰는 사람들의 충고를 불쾌하게 생각하는가? (예/아니오)

❸ 알코올성 음료를 다른 음료로 바꿈으로써 음주를 통제하려고 노력해 본 일이 있는가? (예/아니오)

❹ 아침에 음주를 했는가? (예/아니오)

❺ 말썽을 일으키지 않고 술을 마실 수 있는 사람들을 질투하는가? (예/아니오)

❻ 음주 문제가 점점 더 심각해졌는가? (예/아니오)

❼ 음주로 인해 집에서 문제를 일으켰는가? (예/아니오)

❽ 음주가 제한된 모임이 있을 때 '추가'로 술을 더 마시려고 하지 않았는가? (예/아니오)

❾ 사실은 그 반대이지만, 당신이 원할 경우 언제든지 '스스로' 술을 끊을 수 있다고 계속 주장해 왔는가? (예/아니오)

❿ 음주로 인해 일을 못한 적이 있었는가? (예/아니오)

⓫ 술을 마시는 동안 의식을 잃은 일이 있는가? (예/아니오)

⓬ 만일 술을 마시지 않는다면 당신 생애에 더 많은 일을 할 수 있다고 느껴 본 일이 있는가? (예/아니오)

* 일본 구리하마 알코올 중독 전문 치료 병원
  알코올 중독 진단 검사

최근 6개월 동안을 기준으로 한다.

괄호 안 왼쪽 점수가 '예', 오른쪽 점수가 '아니오'에 해당한다.

총 합계 점수

0~2점	알코올 중독 초기
3~8점	알코올 중독 중기
9점 이상	알코올 중독 말기

❶ 음주 때문에 가족이나 친구 사이에 금이 간 일이 있는가? (3.7/-1.1)

❷ 적어도 오늘만이라도 술을 마시지 않겠다고 다짐했으나 결국 마시고 만 일이 있는가? (3.2/-1.1)

❸ 주위 사람들(가족, 친구, 윗사람)에게 술을 많이 마신다는 말을 들은 일이 있는가? (2.3/-0.8)

❹ 알맞은 양에서 그만두려 했으나 결국 과음하는 일이 있는가? (2.2/-0.7)

❺ 술을 마신 다음 날 아침, 전날 밤에 일어난 일이 단편적으로 전혀 기억나지 않는 일이 자주 있는가? (2.1/-0.7)

❻ 휴일이면 거의 아침부터 술을 마시는가? (1.7/-0.4)

❼ 때때로 전날 마신 술의 숙취로 결근을 하거나 중요한 약속을 지키지 못하는가? (1.5/-0.5)

❽ 의사에게 당뇨병이나 간장병 진단을 받았거나 치료를 받은 일이 있는가? (1.2/-0.2)

❾ 술 생각이 나서 술을 마시려 했으나 술이 없어 마시지 못할 경우, 진땀이 나고 손이 떨리며 안절부절못해 잠이 잘 오지 않는가? (0.8/-0.2)

❿ 사업이나 장사 때문에 술을 마시는가? (0.7/-0.2)

⓫ 술을 마시지 않으면 잠을 자지 못하는 날이 많은가? (0.7/-0.1)

⓬ 거의 매일 청주 3홉(약 540ml, 위스키 1/4병, 맥주 3병 정도)을 반주로 마시는가? (0.6/-0.1)

⓭ 술 때문에 경찰서에 간 적이 있는가? (0.5/0)

⓮ 술에 취하면 언제나 화를 내는가? (0.1/0)

* 한국 국립 서울 정신병원 알코올 중독 진단 검사

총 합계 점수

11점 이하	알코올 중독 초기
12~28점	알코올 중독 중기(알코올 중독 치료 병원 입원 필요)
29점 이상	알코올 중독 말기

10번, 11번 항목 해당자는 다른 항목 해당 유무와 별개로 알코올 중독으로 진단한다.

❶ 자기 연민에 잘 빠지며 술로 이를 해결하려고 하는가? (1.5)

❷ 혼자 술을 마시는 것을 좋아하는가? (2.4)

❸ 술 마신 다음 날 해장술을 마시는가? (3.3)

❹ 취기가 오르면 술을 계속 마시고 싶은 생각이 지배적인가? (3.6)

❺ 술을 마시고 싶은 충동이 일어나면 거의 참을 수 없는가? (3.3)

❻ 최근에 취중의 일을 기억하지 못하는 경우(최근 6개월 내 2회 이상)가 있는가? (2.4)

❼ 대인 관계나 사회생활에서 술이 해롭게 작용했는가? (1.0)

❽ 술로 인해 직업 기능에 큰 손상이 생겼는가? (2.8)

❾ 술로 인해 배우자(보호자)가 나를 떠났거나 떠난다고 위협하는

가? (2.8)

⑩ 술이 깨면 진땀, 손 떨림, 불안이나 좌절 혹은 불면을 경험하는가? (5.0)

⑪ 술이 깨면서 몸이 심하게 떨리거나 공포를 느끼고 환시나 환청을 경험한 적이 있는가? (5.0)

⑫ 술로 인해 생긴 문제로 치료받은 적이 있는가? (2.1)

* 한국형 알코올 중독 진단 검사

ⓑ는 1점, ⓒ는 2점, ⓓ는 3점, ⓔ는 4점으로 계산한다.

총 합계 점수

14점 이하	알코올 중독 초기
15~24점	알코올 중독 중기
25점 이상	알코올 중독 말기

❶ 술을 얼마나 자주 마시는가?

ⓐ 전혀 마시지 않는다

ⓑ 한 달에 한 번 미만

ⓒ 한 달에 2~4회

ⓓ 1주일에 2~3회

ⓔ 1주일에 4회 이상

❷ 평소 몇 잔 정도나 마시는가?

ⓐ 1~2잔   ⓑ 3~4잔   ⓒ 5~6잔   ⓓ 7~9잔   ⓔ 10잔

❸ 한번 술을 마실 때, 소주 1병이나 맥주 4병 이상 마시는 경우가 얼마나 자주 있는가?

ⓐ 전혀 없다

ⓑ 한 달에 한 번 미만

ⓒ 한 달에 한 번

ⓓ 일주일에 한 번

ⓔ 매일

❹ 지난 1년간, 술을 마시기 시작하면 멈출 수 없다는 것을 알게 되는 때가 얼마나 자주 있었는가?

ⓐ 전혀 없다

ⓑ 한 달에 한 번 미만

ⓒ 한 달에 한 번

ⓓ 일주일에 한 번

ⓔ 매일

❺ 지난 1년간, 평소 같으면 할 수 있었던 일을 술 때문에 못했던 적이 얼마나 자주 있었는가?

ⓐ 전혀 없다

ⓑ 한 달에 한 번 미만

ⓒ 한 달에 한 번

ⓓ 일주일에 한 번

ⓔ 매일

❻ 지난 1년간, 과음을 한 다음 날 아침에 일을 하러 나가기 위해 해장술이 필요했던 적이 얼마나 자주 있었는가?

ⓐ 전혀 없다

ⓑ 한 달에 한 번 미만

ⓒ 한 달에 한 번

ⓓ 일주일에 한 번

ⓔ 매일

❼ 지난 1년간, 술 마신 뒤에 죄책감이 들거나 후회를 한 적이 얼마나 자주 있었는가?

ⓐ 전혀 없다

ⓑ 한 달에 한 번 미만

ⓒ 한 달에 한 번

ⓓ 일주일에 한 번

ⓔ 매일

❽ 지난 1년간, 술 때문에 전날 밤에 있었던 일이 기억나지 않았던 적이 얼마나 자주 있었는가?

ⓐ 전혀 없다

ⓑ 한 달에 한 번 미만

ⓒ 한 달에 한 번

ⓓ 일주일에 한 번

ⓔ 매일

❾ 술로 인해 자신이나 다른 사람이 다친 적이 있었는가?

ⓐ 없었다

ⓑ 있지만 지난 1년간은 없었다

ⓒ 지난 1년간 있었다.

❿ 친척이나 친구 또는 의사가 당신의 음주에 대해 걱정하거나 술을 끊기를 권유한 적이 있는가?

ⓐ 전혀 없다

ⓑ 한 달에 한 번 미만

ⓒ 한 달에 한 번

ⓓ 일주일에 한 번

ⓔ 매일

2

알코올 중독자 가족을 위한 진단 검사

 알코올 중독자와 함께 생활한다는 것은 정말 힘든 일이다. 몸과 마음이 지쳐 버린 중독자의 가족은 분노와 원망과 불신 속에서 살아간다. 그러므로 가족 스스로 이러한 상황에서 빠져 나오려고 노력하는 것이 중요하다. 아래의 알코올 중독자 가족을 위한 자기 진단 테스트를 통해 현재 공동 의존 문제를 갖고 있지는 않은지 확인해 보기를 권한다. 공동 의존이란, 알코올 중독자의 가족이나 주변 사람이 알코올로 인한 반복적인 문제를 일으키는 사람과 밀접한 관계를 맺으며 생활한 결과, 친밀감, 경계선, 주체성, 감정 표현 등에서 어려움을 경험하는 역기능 상태를 말한다. 공동 의존 가능성이 있는 경우, 알코올 중독에 관한 올바른 지식을 습득하고, 병원이나 보건소에서 운영하는 가족 교실과 가족 모임 등에 참석해 자신의 문제를 확인하고 해결 방안을 모색하도록 한다.

다음 항목에 대해, '그렇다'에 해당하면 2점, '그렇기도 하고 그렇지 않기도 하다'에 해당하면 1점, '그렇지 않다'에 해당하면 0점을 매긴다.

총 합계 점수

0점	공동 의존이 전혀 없음
1~7점	정상
18~34점	공동 의존이 있지만 문제는 없음
35~51점	공동 의존 문제가 있으므로 상담이 필요
52~70점	심각한 공동 의존 문제가 있으므로 치료가 필요

* 알코올 중독에 관한 잘못된 인식

❶ 알코올 중독자는 의지가 약하다고 생각하는가? (   )

❷ 알코올 중독자는 술이 좋아서 마시는 것이라고 생각하는가? (   )

❸ 과음하지 않았으면 좋겠다고 생각하는가? (   )

❹ 알코올 중독자는 술 끊을 마음이 전혀 없다고 생각하는가? (   )

❺ 알코올 중독자가 술을 끊으려고 하지 않기 때문에 단주가 불가능한 것이라고 생각하는가? (   )

❻ 알코올 중독자는 자기 마음대로 한다고 생각하는가? (   )

❼ 알코올 중독자는 거짓말을 잘한다고 생각하는가? (   )

❽ 아무리 긴 세월이 흐른다 해도 알코올 중독자가 완전히 단주할 때까지 병원에 입원시키고 싶은가? (   )

❾ 나는 피해자이고, 내가 고칠 점은 없다고 생각하는가? (   )

* 알코올 중독에 관한 잘못된 인식 때문에 하게 되는 대응 행동

❶ 알코올 중독자를 질책하거나 비난하는가? (   )

❷ 단주한다는 약속을 받아 내려고 애쓰는가? (   )

❸ 술을 끊게 하려고 알코올 중독자를 위협하는가? (   )

❹ 형제, 친척, 종교인 등 알코올 중독자에 대한 전문 지식이 없는 사람과 상담하는가? (   )

❺ 알코올 중독자가 저지른 일의 뒷수습을 하는가? (   )

❻ 음주 원인을 없애려고 하는가? (   )

❼ 알코올 중독자가 술을 마시지 못하도록 애쓰는가? (   )

* 혼란한 정신 상태

❶ 항상 다른 사람들의 시선이 신경 쓰이는가? (   )

❷ 알코올 중독자 때문에 자신의 인생이 엉망이 되었다고 생각하는가? (   )

❸ 알코올 중독자가 죽었으면 좋겠다고 생각하는가? (   )

❹ 알코올 중독자를 죽이고 싶다고 생각하는가? (   )

❺ 장래가 불안한가? (   )

❻ 알코올 중독자가 술을 마시고 있으면 마음이 불안하지만, 마시지 않으면 비교적 안심하는가? (   )

❼ 알코올 중독자가 술을 마셨는지 항상 걱정이 되는가? (   )

❽ (알코올 중독자의 배우자일 경우만 체크) 할 수 있으면 이혼하고 싶은가? (   )

(알코올 중독자의 부모일 경우만 체크) 자식의 알코올 중독을 나의 가정교육 탓이라 생각하는가? (   )

❾ (알코올 중독자의 배우자일 경우만 체크) 내 몸에 알코올 중독자의 손만 닿아도 싫은가? (   )

(알코올 중독자의 부모일 경우만 체크) 자식이 단주를 확실히 할 때까지, 죽어도 눈을 감지 못하겠는가? (   )

* 일상생활의 붕괴

❶ 알코올 중독자가 술을 마시지 않을까 하는 불안 때문에 알코올 중독자에게서 눈을 뗄 수가 없고, 외출도 할 수가 없는가? ( )

❷ 집안일이나 직장 일을 소홀히 하는 경우가 있는가? ( )

❸ 폭력이 두려워서 알코올 중독자의 말대로 하거나, 하고 싶은 말을 제대로 할 수 없는 경우가 있는가? ( )

❹ (알코올 중독자의 배우자일 경우만 체크) 알코올 중독자의 우둔함에 대한 불만을 자녀에게 이야기하는가? ( )

(알코올 중독자의 부모일 경우만 체크) 자식이 하는 일에 대해 일일이 말하지 않으면 마음이 풀리지 않는가? ( )

❺ (알코올 중독자의 배우자일 경우만 체크) 알코올 중독자에게 화가 날 때 자녀에게 화풀이하는 경우가 있는가? ( )

(알코올 중독자의 부모일 경우만 체크) 처음에는 반대하지만 결국에는 자식에게 져서 자식이 말하는 대로 하게 되는가? ( )

* 건강 상태 악화

❶ 몸이 아파서 병원에 갔을 때, 정신적인 이유로 몸이 아픈 것이라는 진단을 받은 적이 있는가? (   )

❷ 알코올 중독자가 비교적 문제를 일으키지 않는 밤에도 잠들지 못하는 때가 많은가? (   )

❸ 머리가 멍한가? (   )

❹ 몸이 무겁고 쉽게 피로한가? (   )

❺ 식욕이 없는가? (   )

3

천주교 서울대교구 단중독사목위원회
가톨릭알코올사목센터

* 주요 사업

· 알코올 및 기타 중독자에 대한 심리 상담 및 영성 지도

· 알코올 및 기타 중독자 가족에 대한 심리 상담 및 영성 지도

· 알코올 및 기타 중독자 상담가, 가족 치료자 교육

· 알코올 및 기타 중독과 관련된 서비스의 정보 제공

· 알코올 및 기타 중독 관련 교육, 연구 개발 추진

* 전문 프로그램

· 알코올 중독자 프로그램

- 단주 모임(3개월 과정): 알코올 중독에 대한 교육 및 치유

- 회복자 모임(1년 과정): 영적 각성, 성서 묵상

- 알코올 중독자와 가족을 위한 미사 및 공개 강의

· 가족 모임(1년 과정): 인성 개발 및 대인 관계 등 영적 모임

· 가족 치료 모임(10주~12주 과정): 가족 교육 및 기분 다스리기, 대화 기법 등

· 개인 상담: 알코올 중독자 및 가족(기타 중독 포함)

· 전화 상담: 오전 10:00~오후 6:00

　　　　　　02-364-1811~2(방문 시 전화 예약)

· 인터넷 주소: www.sulsul.or.kr